Sascha Eichelkraut

Rohstoffmacht Russland

Sascha Eichelkraut

Rohstoffmacht Russland

Bodenschätze als Basis wirtschaftlicher Entwicklung und für einen starken Staat?

Tectum Verlag

Sascha Eichelkraut

Rohstoffmacht Russland.
Bodenschätze als Basis wirtschaftlicher Entwicklung
und für einen starken Staat?

ISBN: 978-3-8288-9503-4

Umschlagabbildung:

Besuchen Sie uns im Internet
www.tectum-verlag.de

Bibliografische Informationen der Deutschen Nationalbibliothek
Die Deutsche Nationalbibliothek verzeichnet diese Publikation in der Deutschen Nationalbibliografie; detaillierte bibliografische Angaben sind im Internet über http://dnb.ddb.de abrufbar.

Für meinen Großvater
Helmut Kriester (1912-2007)

Inhaltsverzeichnis

I. Einleitung

1. Gegenstand und zentrale Fragestellung der Untersuchung

Vor fast achtzig Jahren schrieb *Paul Haensel* in seinem Buch zur Wirtschaftspolitik Sowjetrusslands: „Die Naturschätze Rußlands sind ungeheuer groß; aber unglücklicherweise hat Rußland nie verstanden, wie sie ausgenutzt werden sollten."[1] Tatsächlich haben die Naturressourcen schon von jeher eine zentrale ökonomische Rolle in dem Riesenreich gespielt. Waren es in früheren Jahrhunderten in erster Linie Hölzer und Pelze, so sind es heute insbesondere Metalle und vor allem die Energierohstoffe Erdöl und Erdgas, die für Russland von herausragender Bedeutung sind. Ob es Russland wirklich zu keiner Zeit gelungen ist, seine Ressourcen effektiv zu nutzen, lässt sich nur schwer überprüfen. In der vorliegenden Arbeit wird der Frage nachgegangen werden, wie Russland unter seiner gegenwärtigen Führung angesichts des weltweiten Rohstoffbooms mit seinen Bodenschätzen verfährt.

Der Betrachtungszeitraum dieser Arbeit entspricht im Wesentlichen der bisherigen Amtszeit des gegenwärtigen russischen Präsidenten Wladimir Putin. Er trat seine Präsidentschaft gerade zu jenem Zeitpunkt an, als die Preise für Erdöl und andere Rohstoffe auf den Weltmärkten zu steigen anfingen. Seit Jahren befinden sich wichtige Rohstoffpreise nun auf höchstem Niveau. Von dieser Entwicklung hat der Rohstoffexporteur Russland enorm profitiert: Die Wirtschaft wächst kräftig, und die Staatskasse ist reichlich gefüllt.

Andererseits ist zu beobachten, dass viele der rohstoffreichen Länder sich wirtschaftlich nur unterdurchschnittlich entwickeln und nicht selten die politischen Eliten die exklusiven Nutznießer der Rohstoffeinnahmen sind. Wie empirische Studien nachweisen, sind es im hohen Maße die staatlichen Institutionen, die darüber entscheiden, welchen Entwicklungspfad ein ressourcenreiches Land einschlägt. Im Folgenden soll untersucht werden, wie der russische Staat die hohen Devisenzuflüsse nutzt und ob er die potentiellen Gefahren des Ressourcenreichtums bisher von dem Land abwenden konnte. Zentrale Fragen der Arbeit sind also: Welche Bedeutung besitzen die Rohstoffe für das heutige Russ-

---

1 Haensel, S. 12.

land? Sind sie Teil einer Strategie zur Modernisierung des Landes? Welche negativen ökonomischen Effekte gehen von ihnen aus? Wie beeinflusst der Ressourcenreichtum die politischen und sozialen Prozesse in Russland? Wer profitiert von den Deviseneinnahmen? Wie wirkt sich der Ressourcenexport auf die inneren Verhältnisse Russlands aus?

2. Literatur und Methode

Zum Verhältnis von Rohstoffressourcen und wirtschaftlicher Entwicklung sowie auch zur politischen Ökonomie des Rohstoffreichtums gibt es inzwischen eine relativ große Zahl von Veröffentlichungen. Der überwiegende Teil der theoretischen und empirischen Literatur stammt aus dem angelsächsischen Raum und bezieht sich vor allem auf die klassischen Rentierstaaten des Nahen und Mittleren Ostens. In den letzten Jahren sind jedoch auch die rohstoffreichen Transitionsökonomien der UdSSR-Nachfolgestaaten Kasachstan, Turkmenistan und nicht zuletzt Russland verstärkt in das Blickfeld wissenschaftlicher Forschung gerückt. Der Großteil der Untersuchungen beschäftigt sich auch hier mit der Beziehung von Ressourcenreichtum und wirtschaftlicher Entwicklung. Dagegen bleibt die Frage, inwieweit der Ressourcenreichtum für die spezifischen Charakteristika der Herrschaftssysteme dieser Staaten verantwortlich zeichnet, häufig ausgeblendet. Dies mag daran liegen, dass in den meisten Fällen eindeutige Aussagen im Sinne von direkten Ursache-Wirkungs-Zusammenhängen nicht möglich sind.

Die vorliegende Arbeit versteht sich als eine deskriptive, theoriegeleitete Untersuchung. Die im zweiten Teil dargestellten Theorien sollen zunächst den Zusammenhang zwischen Rohstoffressourcen, wirtschaftlicher Entwicklung und politischem System deutlich machen. Naturgemäß können sie die Realität aufgrund der „Komplexität der Dinge“ nur begrenzt erfassen. Der Theorieteil soll als Interpretationsrahmen oder -grundlage für den anschließenden Empirieteil dienen und mögliche Zusammenhänge aufzeigen. Es geht also nicht darum, die Theorien an Russland exemplarisch zu überprüfen; vielmehr sollen sie wirtschaftliche und politische Entwicklungen in Russland erklären helfen.

Als Quellen dienten insbesondere die Angaben der russischen Statistikbehörde *Rosstat*, die auch von den meisten internationalen Organisationen genutzt werden. Dessen ungeachtet waren teilweise erhebliche Differenzen zwischen den offiziellen russischen

Statistiken und denen der internationalen Organisationen (z.B. UNO, Weltbank) feststellbar, da mitunter unterschiedliche methodische Berechnungsverfahren zugrunde gelegt werden. In die Untersuchung wurden daneben Verfassungs- und Gesetzestexte sowie ausgewählte Reden des russischen Präsidenten einbezogen. Da sich die Arbeit im Wesentlichen mit den neueren politischen und wirtschaftlichen Entwicklungen in Russland beschäftigt, sind neben Fachbüchern vor allem aktuelle Studien und Analysen sowie Zeitungen und Zeitschriften[2] verwendet worden. Hervorzuheben sind die Studien der Stiftung Wissenschaft und Politik in Berlin, die regelmäßig erscheinenden Russlandanalysen der Forschungsstelle Osteuropa in Bremen, welche die aktuellen Trends und Entwicklungen in Russland dokumentieren und diskutieren, sowie die Berichte der Weltbank, die die russische Politik aus ihrer spezifisch ökonomischen Sicht betrachten.

Hilfreich und erkenntnisfördernd waren auch zahlreiche Gespräche, welche der Verfasser während eines mehrmonatigen Studienaufenthaltes in Moskau mit verschiedenen Politik- und Wirtschaftswissenschaftlern an der Lomonossow-Universität und der Russischen Akademie der Wissenschaften zum Thema der Arbeit führen konnte. Einige Themen wurden in der vorliegenden Arbeit nicht erwähnt oder konnten nur am Rande besprochen werden; sie bedürfen aufgrund ihrer Komplexität einer gesonderten Untersuchung. Hierzu gehören insbesondere Themen wie der aufkeimende Nationalismus und die weit verbreitete Korruption in Russland.

Russische Quellen wurden nach dem deutschen wissenschaftlichen Transliterationssystem für das russische Alphabet wiedergegeben. Ausnahmen erfolgten aus Gründen der Lesbarkeit bei russischen Namen im Fließtext. Hier wurde die im Deutschen übliche Schreibweise verwendet. Zugunsten des Leseflusses wurde zudem auf die Unterscheidung von *„russisch"* und *„russländisch"* verzichtet. Die Bezeichnungen „russisch" und „Russland"[3] schließen im Folgenden die Multinationalität des Landes mit ein. Die Termini aus der englischsprachigen Literatur wurden größtenteils unverändert übernommen, da es sich dabei in der Regel um stehende, international gebräuchliche Begriffe handelt.

---

2 Vorrangig Frankfurter Allgemeine Zeitung, Neue Zürcher Zeitung, The Moscow Times, Kommersant.

3 Rossija (Russland) und Rossijskaja Federacija (Russländische Föderation) - beide Bezeichnungen gelten vor dem Gesetz als gleichwertig.

II. Der theoretische Kontext

Es ist ein unter den rohstoffreichen Staaten weit verbreitetes Phänomen: Ihre Ökonomien weisen ein im Vergleich zu den rohstoffarmen Staaten - über einen längeren Zeitraum gesehen - wesentlich geringeres Wachstum auf.[4] Ein verstärktes wissenschaftliches Interesse an der Verbindung von Rohstoffreichtum und wirtschaftlicher Entwicklung kam insbesondere in den 1960er und 1970er Jahren auf, als sich die erdölreichen aber wirtschaftlich unterentwickelten Länder anschickten, ihre - nicht selten durch unvorteilhafte koloniale Handelsbeziehungen geprägten - Ökonomien mit Hilfe der Einnahmen aus den Erdölexporten zu industrialisieren und diversifizieren, um zum Westen aufzuschließen. Obwohl zeitweilig eine Reihe dieser Staaten bei ihrem Modernisierungsprozess nicht geringe Erfolge aufwiesen, zeigte sich, dass beispielsweise die Erdöl exportierenden Länder Lateinamerikas oder des arabischen Raums im Schnitt wesentlich schlechtere Wachstumsraten verzeichneten als etwa die rohstoffarmen ostasiatischen Schwellenländer Südkorea, Singapur oder Taiwan. Untersuchungen, die sich mit diesem Thema beschäftigen, führen diese tendenziell unterdurchschnittliche ökonomische Performanz der rohstoffreichen Länder nicht nur auf wirtschaftliche, sondern vor allem auf politische Faktoren zurück. So wird die Beschaffenheit des politischen Systems als das entscheidende Kriterium angesehen, welches über den Erfolg oder Misserfolg der Ressourcennutzung eines Landes entscheidet. Ressourcenreichtum ist daher nicht *per se* ein Nachteil für diese Länder, wie es der häufig in diesem Zusammenhang verwendete Begriff des „Ressourcenfluchs“ zu unterstellen scheint. Länder wie Botswana oder Norwegen, die ihre Ressourcen erfolgreich managen, beweisen, dass dies keine Zwangsläufigkeit zu sein hat; bezeichnend ist aber auch, dass es sich hierbei um Länder mit stabilen politischen Verhältnissen handelt.[5] Studien haben darauf hingewiesen, dass Ressourcen ebenso in der Lage sind, das politische System und die Gesellschaft zu formen, zumal wenn eine Abhängigkeit von nur einem Exportrohstoff besteht.[6] Insgesamt ergeben die diversen Erklärungsversuche der wirtschafts- und politikwissenschaftli-

4 Exemplarisch seien hier genannt die Untersuchungen von Gelb (1988), Sachs und Warner (1995), Karl (1997) und Auty (1998).

5 Vgl. Mehlum et al., S. 1.

6 Vgl. u.a. Karl (1997).

chen Forschung ein recht komplexes Konglomerat von Einflussfaktoren und Wechselbeziehungen. Im Folgenden sollen die grundlegendsten Ansätze dargelegt werden, die sich in ökonomische und politische Erklärungsmuster aufgliedern, wobei freilich die Übergänge zwischen beiden fließend sind.[7] Dabei soll insbesondere auch aufgezeigt werden, welche Möglichkeiten der Staat besitzt, den Negativeffekten des Ressourcenreichtums entgegenzuwirken. In den Ausführungen werden allgemein die Begriffe Rohstoffe und Ressourcen verwendet, die sich hier allerdings primär auf Erdöl und Erdgas beziehen. Über diese Rohstoffe, die relativ konstante und zudem höhere Einnahmen als andere Rohstoffe bieten, besitzt der Staat häufig die exklusiven Verfügungsrechte, weshalb auch sie die größte Wirkung auf den Staat entfalten können. Der Staat bezieht die Einnahmen entweder durch staatseigene Förderbetriebe - wie es in den meisten Ländern der Fall ist - oder durch die Erhebung von Steuern.[8]

1. Die ökonomischen Implikationen des Ressourcenreichtums

Bis zum 20. Jahrhundert waren es besonders Rohstoffe, die den Welthandel bestimmten, und viele Länder[9] gründeten ihren wirtschaftlichen Aufstieg auf dem Export von Rohstoffen. Es nimmt daher nicht wunder, dass früher unter Ökonomen die Ansicht weit verbreitetet war, dass der Ressourcenreichtum die wirtschaftliche Entwicklung eines Landes erheblich begünstigt, vor allem, um durch den Rohstoffexport die Einfuhr von Technologien zu ermöglichen, ausländisches Investitionskapital zu gewinnen oder um Auslandsschulden zu bedienen.[10]

---

7 Für einen kritischen Überblick über die bestehenden, teilweise miteinander konkurrierenden Erklärungen des „Ressourcenfluchs" eignet sich der Beitrag von Ross (1999).

8 Es befinden sich 75 Prozent der weltweiten Erdölproduktion und 90 Prozent aller Erdölreserven in der Hand staatlicher Unternehmen. Die Mehrheit der Einnahmen aus dem Erdölexport wird daher nicht durch Steuererhebungen auf private Firmen, sondern durch Staatsbetriebe erzielt, vgl. Morrison, S. 4f.

9 Z.B. USA, Kanada und Australien, vgl. Auty und Mikesell, S. 17f.

10 Vgl. ebd.

1.1 Die wirtschaftlichen Herausforderungen

Seit den letzten zwei Jahrzehnten werden Rohstoffvorkommen jedoch eher als ein Hindernis für eine erfolgreiche Entwicklung angesehen.[11] So nahm beispielsweise im Zeitraum 1960-1998 das Bruttosozialprodukt (BSP) pro Kopf aller OPEC-Staaten zusammen im Durchschnitt um 1,3 Prozent ab, während das BSP pro Kopf der Länder mit einem niedrigen und mittleren Einkommen im selben Zeitraum im Schnitt um 2,2 Prozent stieg.[12] Beispiele für eine negative Verbindung von Rohstoffreichtum und wirtschaftlicher Entwicklung gab es aber bereits in der Geschichte. Schon im 16. Jahrhundert musste Spanien seine Erfahrungen damit machen, als es Gold und Silber aus seinen Kolonien in der „Neuen Welt" ins Land holte. Die Hoffung Spaniens, seine Vormachtstellung in der Welt - vor allem gegenüber Großbritannien - ausbauen zu können, sollte sich nicht erfüllen. Die mit dem Edelmetall der spanischen Krone direkt zur Verfügung stehenden finanziellen Mittel waren nur anfänglich ein Gewinn und verkehrten sich im Verlauf ins Gegenteil, mit lange währenden Konsequenzen für das Land. Hier waren also die gleichen Mechanismen am Werke, die Jahrhunderte später auch bei Ländern zu Tage traten, die Erdöl, Erdgas oder andere Bodenschätze im großen Umfang besaßen.[13] Drei ökonomische Faktoren, die im Wesentlichen für die unterdurchschnittliche Wirtschaftsleistung der Ressourcenstaaten[14] verantwortlich zeichnen, sollen an dieser Stelle vorgestellt werden.

1.1.1 Die Anfälligkeit gegenüber externen Schocks

Rohstoffexportierende Länder sind im hohen Maße von den Rohstoffpreisen auf den internationalen Märkten abhängig, ein Preiseinbruch wirkt sich damit unmittelbar auf das Wirtschaftswachstum des Landes aus. Die volatilen Weltmarktpreise stellen für diese Staaten einen permanenten Unsicherheitsfaktor dar, was langfristige Planungen erschwert. Nicht selten werden Investitionsprojekte begonnen, die dann aufgrund drastisch gesunkener

---

11 Vgl. Ahrend, S. 5.

12 Vgl. Gylfason (2001), S. 8.

13 Vgl. Karl (1997), S. 32f.

14 Als Ressourcen- oder Rohstoffstaaten werden nach allgemeiner Übereinkunft Länder bezeichnet, deren Rohstoffressourcen für mehr als 10 Prozent des BIP und 40 Prozent des gesamten Exports stehen, vgl. Ahrend, S. 6.

Rohstoffpreise nicht fortgeführt werden können. Kleine rohstoffreiche Länder werden von Preisschwankungen besonders hart getroffen, da sie häufig nur ein oder zwei Rohstoffsorten besitzen, wodurch sich die Abhängigkeit dieser Länder von ihren Rohstoffen erhöht. Große ressourcenreiche Länder haben somit höhere Chancen, externe Schocks ohne größere Verluste zu überstehen. Das aber nicht nur, weil sie im Idealfall mehrere verschiedene Ressourcen besitzen, sondern auch deshalb, weil sie über einen größeren Binnenmarkt verfügen. Ein größerer Binnenmarkt hat den Vorteil, dass der Außenhandel einen geringeren Anteil am BIP des Landes einnimmt. Die gegenüber den kleineren Ländern volumenmäßig größere Inlandsnachfrage begünstigt zudem die Diversifizierung der heimischen Wirtschaft, was speziell für die rohstoffreichen Länder eine *conditio sine qua non* ist.[15] So sind diversifizierte Ökonomien eher in der Lage, externe Schocks abzufedern, was ein nachhaltiges Wachstum dieser Länder begünstigt.[16]

1.1.2 Die „Holländische Krankheit"

Eine Erklärung für das langsame oder gar abnehmende Wachstum ressourcenreicher Länder ist die so genannte *„Holländische Krankheit"*. Der Name rührt her von den wirtschaftlichen Folgeerscheinungen, die die Entdeckung von Erdgasvorkommen in der Nordsee durch die Niederlande in den späten 1950er und frühen 1960er Jahren mit sich brachte. Der aufgrund des Erdgasexportes gestiegene Wert des Guldens verringerte besonders die Rentabilität der verarbeitenden Industrie, was damals die Furcht vor einer Deindustrialisierung des Landes aufkommen ließ. Die Niederlande erholten sich im Vergleich zu anderen Ländern allerdings wieder recht schnell von dieser „Krankheit". Was jedoch blieb war der Name *„Dutch disease"*, da am Beispiel „Hollands" die Wirkungsweise dieses Prozesses erstmalig eingehend wissenschaftlich untersucht wurde.[17]

---

15 Vgl. Auty (2001), S. 6; Ahrend, S. 8; Auty und Kiiski (2001), S. 19ff.

16 Vgl. Auty und Gelb (2001), S. 137.

17 Vgl. Gylfason (2001), S. 1f. Bereits *Cairnes* (1859) beschrieb zuvor diese Wirkungsweise an Teilen der australischen Industrie, nachdem im Australien der 1850er Jahre Goldvorkommen entdeckt wurden, vgl. Corden, 1984, S. 359.

Corden und *Neary* (1982) entwickelten ein drei-Sektoren Modell (ein Rohstoffsektor[18], ein produzierender Sektor und ein Dienstleistungssektor) zur Beschreibung der *Dutch disease*-Effekte, das inzwischen zum Standard in der Literatur gehört.[19] Den Kern des Modells bildet die Erkenntnis, dass die zunehmende Ausrichtung eines Landes auf den Export von Rohstoffen in Verbindung mit den hohen Exporterlösen - im Zuge stark gestiegener Rohstoffpreise (*windfall*-Profite) oder als Folge der Ausbeutung und des Exports neu entdeckter, quantitativ großer Rohstoffvorkommen - zu einer Verschiebung der „mobilen" Produktionsfaktoren (Kapital, Arbeitskräfte als auch Wissen) in die boomenden (nicht produzierenden) Sektoren der Wirtschaft führt. Der wachsende, sich zur dominierenden Einnahmequelle des Landes generierende Rohstoffsektor setzt dabei in der Hauptsache die inländische verarbeitende Industrie unter starken Druck. Denn die aus dem Export der Bodenschätze erzielten Erlöse bewirken eine reale Aufwertung der heimischen Währung,[20] was dazu führt, dass die im Land produzierten Güter aufgrund des hohen Wechselkurses auf den internationalen Märkten an Wettbewerbsfähigkeit verlieren. Dieser Trend wird durch den allgemeinen Anstieg der Lohnkosten noch verstärkt, der sich daraus ergibt, dass der Rohstoffsektor wesentlich höhere Löhne zu zahlen in der Lage ist und somit einen indirekten Druck auf die gesamte Wirtschaft zur Anhebung der Löhne ausübt. Und obwohl der exportbedingte monetäre Überfluss die inländische Nachfrage nach Gütern und Dienstleistungen massiv nach oben treibt (was wiederum die Gefahr einer steigenden Inflation hervorruft), kann die heimische verarbeitende Industrie davon nur geringfügig profitieren, da sie hinsichtlich des Preis-Leistungs-Verhältnisses nicht in der Lage ist, mit den ausländischen Produkten zu konkurrieren, zumal sich diese aufgrund der starken Währung faktisch verbilligen. Letztendlich wird die gestiegene Nachfrage zu einem Großteil aus Importen gedeckt, womit zusätzlich zum ausländischen noch der inländische Absatzmarkt in Bedrängnis gerät.[21] In der Konsequenz kommt es zu einer sektoralen Verschiebung innerhalb der Wirt-

18 Corden und Neary, S. 826, sprechen allgemein auch von einem „*booming sector*". Das Erzeugnis dieses Sektors kann ein prinzipiell beliebiges Produkt sein, solange es vom Export und internationalen Marktpreisen abhängig ist.

19 Vgl. ebd., S. 825ff; Corden, S. 359ff.

20 Vgl. Gelb, S. 78ff.

21 Vgl. Karl (1997), S. 28f; Auty (2001), S. 7.

schaft weg von der Güterproduktion, was auch die kommerzielle Landwirtschaft mit einschließt, hin zum Rohstoff- und Dienstleistungssektor.[22] Jene produzierenden Industrien, die weiterhin Bestand haben, sind dann häufig von finanziellen Transferleistungen oder eigens billig zur Verfügung gestellten Rohstoffen abhängig.[23]

Langzeitwirkung kann die Holländische Krankheit vor allem dadurch erzielen, dass stetig Kapital und qualifizierte Arbeitskräfte aus dem produzierenden Sektor in den aufstrebenden Dienstleistungs- und den Rohstoffsektor abwandern,[24] d.h. diesem Wirtschaftszweig fehlen einerseits zunehmend die notwendigen Investitionen und andererseits wird die Bildung des für den ökonomisch-technologischen Fortschritts so notwendigen Humankapitals *(learning by doing)* erheblich eingeschränkt.[25] Gesamtwirtschaftlich ist dies umso bedeutender, als hierdurch der technologische Austausch *(spillover effect)*, dessen Grundlage die Ansammlung und Verknüpfung von Wissen und Erfahrung in den verschiedenen Segmenten der Wirtschaft bildet, zwischen den einzelnen Wirtschaftsbereichen geschwächt wird.[26] Die wirtschaftlichen Folgen sind daher für das Land auch noch dann spürbar, wenn der Ressourcenboom längst abgeklungen ist oder die Rohstoffvorkommen erschöpft sind.

1.1.3 Das Problem der Rentenmaximierung

Auch die Suche nach Renten - das so genannte *rent-seeking* - steht in einer kausalen Verbindung mit der überwiegend negativen wirtschaftlichen Bilanz ressourcenreicher Staaten. Als Rente bezeichnet man in diesem Zusammenhang zunächst den direkten Gewinn aus dem Rohstoffexport.[27] Einen Rentencharakter besit-

---

22 Vgl. Corden und Neary, S. 827.

23 Vgl. Karl (1997), S. 53f.

24 Der Entzug von Arbeitskräften ist allerdings von geringerer Bedeutung für einen Rohstoffsektor wie bspw. die Erdölproduktion, wo relativ wenige Arbeitskräfte beschäftigt werden, weshalb sich diese Feststellung in erster Linie auf die arbeitsintensiven Rohstoffindustrien wie die Landwirtschaft bezieht, vgl. Corden und Neary, S. 827; Sachs und Warner, 1995, S. 6.

25 Vgl. Matsuyama, S. 317ff.

26 Vgl. Gylfason (2001), S. 15f; Torvik, S. 455f.

27 Die Rente ist die Differenz aus den Marktpreisen und den Förderkosten eines Rohstoffs. Um eine tatsächliche Rente zu erzielen, müssen

zen allerdings auch jene Einnahmen, die sich nur indirekt aus dem Handel mit Rohstoffen ergeben und deshalb ebenfalls zu den Renten gezählt werden.[28] Gemeinsam haben diese Renten, dass ihnen kein Produktionsprozess im eigentlichen Sinne zugrunde liegt, sondern die Höhe der Rente vielmehr nur die Knappheit des Gutes widerspiegelt.[29] Das *rent-seeking* ist eine Folgeerscheinung, die auf dem Wunsch nach Teilhabe an den Gewinnchancen beruht, die der Rohstoffsektor eröffnet. Mit der Suche nach Renten und deren Sicherung gehen gravierende Wohlfahrtsverluste einher, da hierfür enorme Ressourcen aufgewendet werden, anstatt diese für produktive Investitionen einzusetzen – „[the] individual efforts to maximize value generate social waste rather than social surplus."[30]

Wirtschaftsakteure konkurrieren dabei um ökonomische Privilegien, d.h. um Monopolstellungen und um präferentiellen Zugang zu Renten. Mittel der legalen als auch illegalen Einflussnahme sind ein nicht unwesentlicher Bestandteil dieser Verteilungskämpfe um Renten. Lobbyismus, Korruption und Klientelismus gelten daher im hohen Maße als die Begleiterscheinungen des *rent-seeking*. Die ineffiziente, Individualinteressen folgende Ressourcenallokation mindert so die gesamtgesellschaftlichen Wachstumschancen.[31] Kurzum:

> „[A]n individual who invests in something that will not actually improve productivity or will actually lower it, but that does raise his income because it gives him some special position or monopoly power, is 'rent seeking' and the 'rent' is the income derived."[32]

Bezeichnend für diese Rentenökonomien ist, dass in die Generierung der eigentlichen Ressourcenrente nur ein geringer Teil der Gesellschaft involviert ist, während sich die Mehrheit mit der Verteilung und Verwertung dieses Vermögens befasst.[33] Die lukrativen Gewinnchancen aus dem *rent-seeking*, die zudem mit einem geringeren unternehmerischen Risiko verbunden sind, führen da-

---

die Erlöse konsequenterweise die Kosten der Förderung übersteigen, vgl. Auty und Mikesell (1998), S. 41.

28 Vgl. Abdel-Fadil, S. 86. Zum Begriff der Rente siehe auch Punkt 2.1.1.

29 Vgl. Schmid, S. 29ff.

30 Buchanan, S. 4.

31 Vgl. ebd., S. 37f; Krueger, S. 291ff.

32 Tullock: "Rent Seeking as a Negative-Sum Game", S. 17.

33 Vgl. Beblawi, S. 51.

zu, dass mehr und mehr Unternehmer in diese Sphäre wechseln, womit sich die Abwärtsspirale des produzierenden Sektors beschleunigt.[34] Hat sich erst einmal eine Rentenquelle aufgetan, steht die weitere Maximierung und Sicherung der Renten im Vordergrund der „unternehmerischen" Tätigkeiten. Der Rentier ist daher gewissermaßen das Gegenteil des dynamischen, innovativen und risikobereiten Unternehmers, wie Schumpeter ihn beschreibt, der durch sein Handeln zum Volkseinkommen und damit - als positiver Nebeneffekt - zum Gemeinwohl beiträgt.[35] Denn, so *Buchanan*,

> „[b]y seeking always to find new opportunities to earn economic rent and to exploit more fully existing opportunities, profit-seeking entrepreneurs generate a dynamic process of continiuous resource *re*allocation that ensures economic growth and development, [...] as an unintended consequence."[36]

1.2 Wirtschaftspolitische Maßnahmen und Instrumente für eine nachhaltige ökonomische Entwicklung

Rohstoffreiche Länder stehen also einer Reihe ökonomischer Risiken gegenüber. Auf diese Herausforderungen mit angemessenen Mitteln und Strategien zu antworten, ist die wesentliche Aufgabe des Staates.[37] Eine nachhaltige wirtschaftliche Entwicklung auf der Basis von Rohstoffen ist nur dann möglich, wenn der Mittelzufluss aus dem Rohstoffexport dosiert und möglichst dauerhaft erfolgt. Viele Länder wähnen sich jedoch in einer allzu komfortablen Position. Sie sehen die zukünftigen Einnahmen zu optimistisch, absorbieren die Renteneinnahmen daher zu schnell und führen ihre Ökonomien zu spät auf einen modernen Entwicklungspfad.[38] Eine zu schnelle Aufnahme dieser Mittel beschleunigt die oben beschrieben *Dutch disease*-Effekte und führt darüber hinaus hinsichtlich der staatlichen Ausgaben zu Verhaltensmustern, welche bei einem Abschwung nur schwerlich aufrechterhalten werden können. Es besteht die Gefahr, dass die Kosten der Anpassung nach dem Abschwung die realisierten Gewinne aus

34 Vgl. Torvik, S. 456ff.

35 Vgl. Beblawi, S. 50.

36 Buchanan, S. 5.

37 Für eine Übersicht: IMF: Guide on Resource Revenue Transparency.

38 Vgl. Auty und Kiiski, S. 32.

dem Verkauf des Rohstoffs um ein Vielfaches übersteigen.[39] Im Folgenden werden drei wesentliche Maßnahmen und Instrumente aufgezeigt, welche dazu beitragen, eine erfolgreiche Wirtschaftsentwicklung der rohstoffreichen Länder zu gewährleisten.

1.2.1 Die Einrichtung eines Stabilisationsfonds

Das wahrscheinlich wichtigste makroökonomische Instrument ist die Einrichtung eines Stabilisationsfonds. Zu den Staaten, die einen solchen Fonds besitzen, gehören etwa Venezuela, Kuwait, Norwegen und Russland.[40] Entsprechend gesetzlich festgeschriebener Vorgaben fließen in diesen Fonds die Erlöse, die der Staat aus dem Rohstoffexport erzielt. Dies können die gesamten Einnahmen sein, oft entspricht die Einzahlung aber einem fixen Prozentsatz der jährlichen Einnahmen. Möglich ist auch, dass, wenn der erzielte Exportpreis (pro Einheit) eine bestimmte Schwelle überschreitet, alle darüber liegenden Beträge dem Fonds zufließen. Idealerweise wird ein solcher Fonds von einer vom Staat unabhängigen Institution verwaltet, die somit keinen politischen Zwängen unterliegt. Die Zahlungen in den Fonds setzen sich aus den erzielten Gewinnen oder Steuerabgaben der staatlichen Rohstoffindustrie sowie - soweit vorhanden - aus den gezahlten Steuern der privaten Unternehmen des Sektors zusammen.[41]

Der Stabilisationsfonds dient zunächst dazu, die teilweise hohen Schwankungen der staatlichen Einnahmen aus dem Rohstoffhandel aufzufangen und auszugleichen, um eine Reserve für die Tätigung staatlicher Investitionen auch in Zeiten niedriger Rohstoffpreise zu schaffen.[42] Leiden Rohstoffstaaten in Boomphasen aufgrund stark gestiegener Einnahmen häufig an einem „Absorpationsproblem",[43] so ist der Staat mit Hilfe des Fonds in der Lage, durch die Abschöpfung des „Zuviel" an Kapital eine Überhitzung der Wirtschaft abzuwenden.[44] Der Stabilisationsfonds soll darüber hinaus große Wechselkursschwankungen auffangen. Eine zu starke Aufwertung der eigenen Währung in Zeiten hoher Roh-

---

39 Vgl. ebd., S. 19; Auty und Gelb, S. 134.

40 Vgl. Drobyševskij et al., S. 79.

41 Vgl. Auty und Mikesell, S. 40.

42 Vorstellbar wäre auch, dass der Staat in Zeiten niedriger Preise Kredite aufnimmt, was allerdings unkalkulierbare Risiken (Marktunsicherheit etc.) in sich birgt, vgl. Ahrend, S.8.

43 Vgl. Karl, S. 64.

44 Vgl. Ahrend, S. 8.

stoffpreise wird dadurch verhindert, dass das Fondskapital primär im Ausland, d.h. in Fremdwährung angelegt wird, während im Falle eines zu starken Kursverlustes die eigene Währung durch Käufe gestützt wird.[45]

Nachdem das Fondsvermögen einen entsprechenden Umfang erreicht hat, stellt sich für den Staat die Frage, wie die Mittel verwendet werden sollen. Die Ausgaben sind auch hier wieder vor dem Hintergrund zu bewerten, dass eine zu hastige und umfangreiche Zuführung von finanziellen Mitteln, das kann auch indirekt in Form von Steuersenkungen sein, zu einer Beeinträchtigung der Wirtschaft entsprechend der o.g. Symptome führen kann. Umso wichtiger sind daher feste und transparente Regeln für die Verwendung des Fondsvermögens. Bevor sich der Staat jedoch für Investitionen und andere Ausgaben entscheidet, sollten die Fondsmittel zunächst für den Abbau der Staatsschulden verwenden werden. Auf diese Weise wird die Schuldenlast des Staates reduziert, woraus sich auch ein Spielraum für künftige Steuersenkungen und Investitionen ergibt. Die Verringerung der Staatsschulden mindert ferner die Gefahr einer Währungskrise.[46] Ein Stabilisationsfonds trägt damit wesentlich dazu bei, die wachstumsschädlichen Effekte der *Dutch disease* zu verringern. Voraussetzung dafür ist jedoch eine umsichtige und vorausschauende Politik.

1.2.2 Ein geeignetes Steuersystem

Ein Steuersystem, welches sich den besonderen Gegebenheiten der Rohstoffstaaten anpasst, hilft ebenfalls dabei, die potentiell negativen Auswirkungen des Rohstoffreichtums abzuschwächen. Die Erhöhung der Direktbesteuerung des Rohstoffsektors könnte ein Mittel sein, um damit eine Senkung der Lohnnebenkosten oder eine Steuersenkung in anderen Teilen der Wirtschaft zu finanzieren, was deren Wettbewerbsfähigkeit erhöhen würde. Dabei muss allerdings beachtet werden, dass der Rohstoffsektor weiterhin ausreichend profitabel bleibt, da ein Investitionsrückgang die Entwicklung des Sektors beeinträchtigen würde. Mit der höheren Besteuerung der Rohstoffgewinne sinken zudem die Gehälter in diesem Sektor, womit sich der Lohndruck in anderen Sektoren vermindert. Durch die gesunkenen Löhne werden arbeitsintensive, weniger produktive Tätigkeiten wieder rentabel. Eine ge-

45 Vgl. Auty und Mikesell, S. 41.

46 Vgl. Ahrend, S. 9.

zielte Besteuerung der Ressourcenrenten vermindert damit auch die Möglichkeiten des *rent-seeking* und reduziert die Kapitalkonzentration. Die daraus erzielten Mittel können der Bevölkerung in Form von Steuersenkungen oder sozialen Transferleistungen (Gesundheit, Bildung, Wohnungsbau etc.) zugute kommen. Das auf diese Weise erlangte Mehr an Gleichheit könnte insofern auch dabei helfen, bestehende soziale Spannungen im Land abzubauen. Die Angleichung der Verdienstmöglichkeiten in allen Bereichen der Wirtschaft schränkt letztendlich auch die Abwanderung des hoch qualifizierten Personals aus dem produzierenden Sektor ein, ebenso erlangen unternehmerische Tätigkeiten in diesem Sektor wieder an Attraktivität. Ein an den besonderen wirtschaftlichen Gegebenheiten ausgerichtetes Steuersystem könnte somit erheblich dazu beitragen, die *Dutch disease*-Effekte zu verringern. Auf der anderen Seite erhöhen die hier vorgestellten Möglichkeiten der Besteuerung jedoch auch die Abhängigkeit des Fiskus von den Rohstoffpreisen. Daran wird letztendlich aber nur wieder die zentrale Bedeutung eines entsprechenden Stabilitätsfonds ersichtlich.[47]

1.2.3 Die Diversifizierung der Wirtschaft

Die Diversifizierung der Wirtschaft ist eine weitere wesentliche Notwendigkeit, um die Abhängigkeit des Landes vom Rohstoffexport und die Wirkung der damit verbundenen negativen Begleiterscheinungen zu reduzieren.[48] Eine diversifizierte Wirtschaft bietet eine wichtige Basis für Beschäftigung und stellt ein Sicherungsnetz gegen den zyklischen Abschwung im Rohstoffsektor dar.[49] Die Diversifizierung der Wirtschaft ist ein langwieriger und von Rückschlägen gekennzeichneter Prozess. Die *Dutch disease*-Effekte schwächen den produzierenden Sektor und arbeiten somit gegen die Bemühungen zur Diversifikation der Wirtschaft. Finanzpolitische Fehlentscheidungen des Staates oder staatliche Investitionen in ineffiziente Vorzeigeprojekte sind Faktoren, die die angespannte Situation häufig noch zusätzlich beeinträchtigen.[50] Für die Diversifizierung der Wirtschaft gibt es jedoch keinen Königsweg, der beschritten werden könnte. Unstreitig ist aber die Notwendigkeit der Schaffung entsprechender wirtschaftlicher

---

47 Vgl. Ahrend, S. 11f.

48 Vgl. ebd., S. 12.

49 Vgl. Auty (1990), S. 94.

50 Vgl. Ahrend, S. 12.

Rahmenbedingungen. Diese bestehen besonders in der Bereitstellung umfassender Anreize für Investitionen in Unternehmen und Projekte außerhalb des Rohstoffsektors. Ein geeignetes Steuersystem könnte hierbei eine wesentliche Rolle einnehmen. Weiterhin bedarf es im hohen Maße eines entwickelten und sicheren Finanz- und Bankenwesens, welches finanzielle Mittel für Investitionen bereitstellt.[51] Oft sind es jedoch gerade die kleinen und mittleren Unternehmen, die von finanziellen und administrativen Barrieren betroffen sind. Die Entstehung neuer Unternehmen hängt insofern besonders von der Reduzierung dieser Barrieren ab. Eine flexible Zollpolitik, die den Import von Technologien gegenüber der Einfuhr von Konsumgütern begünstigt, hilft, die inländische Produktion auf- und auszubauen.[52] Ein wichtiger Schlüssel zur Diversifizierung liegt damit in der Öffnung gegenüber dem Handel und ausländischen Investitionen.[53] Eine umsichtige Währungspolitik, die sich den wirtschaftlichen Erfordernissen anzupassen versteht, ist ebenso von großer Bedeutung. Ihre vorwiegende Aufgabe ist es, einer konjunkturschädlichen zu starken Auf- oder Abwertung der heimischen Währung entgegenzuwirken.[54] Und nicht zuletzt ist ein wettbewerbsorientiertes Umfeld von Bedeutung, welches einen effektiven Einsatz von Ressourcen gewährleistet.[55]

2. Die politische Ökonomie des Ressourcenreichtums

Unter diesem Punkt soll dargelegt werden, welchen Einfluss die Rohstoffvorkommen auf die Konstitution des Staates haben, wie sie seine Funktions- und Verhaltensweise zu prägen in der Lage sind. Es kann festgestellt werden, dass die Qualität staatlicher Institutionen das entscheidende Kriterium im Zusammenhang von Rohstoffreichtum und wirtschaftlicher Entwicklung ist. Am Ende der Ausführungen soll diskutiert werden, welches politische System - Demokratie oder Autokratie - in Hinsicht auf die Ressourcenstaaten am besten geeignet ist, eine positive wirtschaftliche

---

51 Die Entwicklung eines soliden Bankenwesens wird durch die Dominanz des Rohstoffsektors wesentlich erschwert, da diese die sektorale Diversifikation der Darlehensbestände der Banken einschränkt; eine ausreichende Risikostreuung ist damit häufig nicht gegeben, vgl. Ahrend, S. 13.

52 Vgl. Drobyševskij et al., S. 78f.

53 Vgl. Gylfason (2005), S. 3.

54 Vgl. Auty und Mikesell, S. 38f.

55 Vgl. Ahrend, S. 13.

Entwicklung in diesen Ländern herbeizuführen und langfristig zu sichern.

2.1 Wie der Rohstoffreichtum den Staat formt

2.1.1 Die Verwandlung zum Rentierstaat

Es wurde gezeigt, welchen Einfluss die aus dem Rohstoffhandel erzielbaren Renten auf die Beschaffenheit von Gesellschaft und Wirtschaft haben können. Die Herausbildung einer allgemeinen Rentiermentalität ist demnach ein weit verbreitetes Merkmal dieser Gesellschaften - der *„rent-seeking society"*[56]. Das entscheidende Kriterium einer Rentenökonomie ist, dass sie auf Renten beruht, die extern erzielt werden. Denn eine rein interne Rente könnte nur dann im größeren Umfang erzielt werden, wenn auch ein entsprechender Produktionssektor existiert. Im Gegensatz dazu - dies zeigen die arabischen Erdölstaaten - ist eine externe Rente in der Lage, wenn sie denn groß genug ist, eine Wirtschaft auch ohne einen entwickelten Produktionssektor zu tragen.[57]

Renten sind immer Ausdruck der Knappheit eines Gutes, und letztendlich scheint jede Art von Waren, allen voran Rohstoffe, rentenfähig. Aber auch immaterielle Güter wie Wissen und Fähigkeiten können Renten erzielen. Die Grundlage für die Entstehung von Renten bilden jedoch stets Wettbewerbsdefizite, die - überwiegend das Ergebnis staatlicher Interventionen oder staatlicher Unterlassungen sind. Die Tatsache, dass Renten eher auf Chancen als auf produktiver Tätigkeit oder gar auf der Arbeit anderer beruhen, hat sie schon von jeher in einem kritischen Licht erscheinen lassen. So ist nach marxistischem Verständnis allein die Arbeitskraft wertschaffend, während das Einkommen des Rentenbeziehers in der Aneignung des überschüssigen Mehrwerts liegt. Gemäß dieser Sichtweise erbringt der Rentier keine eigene Leistung.[58]

Obgleich es eine Vielzahl verschiedener Formen von Renten gibt, sollen Renten zusammenfassend definiert werden „[...] als ein vermitteltes Recht auf Mehrprodukt oder auf überhöhte Beträge [...]. Rente ist auf alle Fälle eine besondere Form von Einkommen: Revenuen, die auch ohne Einsatz von Produktionsfaktoren oder

---

56 Krueger (1974) prägte diesen Begriff.

57 Vgl. Beblawi, S. 51.

58 Vgl. Schmid, S. 29ff.

ohne direkte Gegenleistung appropriiert werden und deshalb zur freien Verfügung stehen."[59]

Im Kontext der Anneignung und Verteilung von Renten kommt dem Staat eine zentrale Funktion zu. Indem sich der Staat die Renten aus dem Ressourcentransfer aneignet, tritt er als Rentier auf. Voraussetzung dafür ist allerdings, dass er die Außenwirtschaftsbeziehungen zu kontrollieren vermag. Im günstigsten Fall ist er in der Lage, die Ressourcenrenten zu monopolisieren, da er ansonsten gezwungen ist, mit anderen gesellschaftlichen Gruppen um die Rente zu konkurrieren.[60] Auch aus diesem Grund sind Rentierstaaten stark zentralistisch organisiert und verfügen über einen starken bürokratischen Staatsapparat.[61]

Da Rohstoffressourcen in der Regel nationales Eigentum sind, ist der Anteil des Staates an den daraus gewonnen Erlösen allgemein höher als bei anderen rentenfähigen Gütern. Die geografische Lage und die stoffliche Eigenschaft der Ressource sind in dieser Hinsicht ebenfalls von Bedeutung. So ist die Rentenappropriation der so genannten „Point-Ressourcen" (z.B. Erdgas) deutlich einfacher als die der „diffusen" Ressourcen (z.B. Holz).[62] Dies ist besonders im Fall des Rohstoffs Erdöl evident, wo sich die Erdölproduktion fast ausnahmslos - begünstigt durch die räumliche Konzentration dieser Ressource - im staatlichen Besitz befindet. Durch seine relativ exklusive Position ist es dem Staat möglich, die Öl-Renten optimal abzuschöpfen, wie es u.a. die arabischen Erdölländer beweisen.[63] Aufgrund der Abhängigkeit dieser Staaten von externen Renten und den damit verbundenen Verhaltensmustern gelten diese nicht umsonst gemeinhin als der Inbegriff eines Rentierstaates.[64]

Das Konzept des Rentierstaates wurde erstmals von *Mahdavy* (1970) am Beispiel des Iran entwickelt,[65] wenn auch der Begriff

---

59 Ebd., S. 41.

60 Vgl. ebd., S. 33f.

61 Vgl. ebd., S. 43f.

62 Point-Ressourcen befinden sich aufgrund ihrer Lage und der relativ kapitalintensiven Ausbeutung eher in konzentrierten Besitzverhältnissen, vgl. Auty (2001), S. 6.

63 Vgl. Schmid, S. 40ff.

64 Vgl. Beblawi, S. 53.

65 Vgl. Mahdavy.

des Rentierstaates als solcher schon älter ist.[66] Rentierstaaten sind im hohen Maße von externen Renten abhängig, da sie einen erheblichen Anteil an ihrem Staatbudget haben und ihre besondere Funktionsweise auf dem konstanten Zufluss von Ressourcen aufbaut. Als Maßstab dafür, ab wann von einem Rentierstaat ausgegangen werden kann, wird allgemein ein Rentenanteil von mindestens 40 Prozent am Staatshaushalt angegeben.[67]

Die Verschiedenartigkeit des Rentierstaats im Vergleich zu anderen Staaten ermöglicht eine generelle Unterteilung in Produktions- und Allokationsstaaten: Sind rohstoffarme Staaten besonders auf einen intakten Produktionssektor bedacht, denn er garantiert die Einnahmen in Form von Steuerzahlungen, so ist die Allokation der Rohstofferlöse die vorrangige Funktion des Rentierstaates.[68] Die staatliche Verteilung der Renten folgt dabei vielfach eher politischen Regeln als ökonomischen Gesetzmäßigkeiten und dient so vordergründig der Legitimation staatlicher Herrschaft.[69]

Die verschiedenen gesellschaftlichen Gruppen sind so organisiert, dass sie ein möglichst großes Stück vom Renten-Kuchen abbekommen. Insofern besteht eine relative Kongruenz zwischen den Interessen des Staates und jenen der begünstigten gesellschaftlichen Schichten: Während es den Regierenden um die Sicherung ihrer Stellung geht, geht es den verschiedenen sozialen Gruppen um die Sicherung ihrer Anteile an den Ressourcenrenten. Die Renten fließen damit - sinnbildlich gesprochen - von „oben" in die Gesellschaft hinein und werden durch den Multiplikatoreffekt „nach unten" verteilt, wobei durch das „interne Recycling" der Rohstoffrente wieder neue Einkommensmöglichkeiten, so genannte Sekundärrenten, entstehen.[70] Der Rentierstaat besitzt demzufolge einen stark hierarchischen Aufbau - mit dem Staat oder der Regierung an der Spitze der Pyramide und den sich darunter befindlichen verschiedenen Abstufungen von Rentiers.[71] Der Staatsinterventionismus bestimmt das Wesen des Rentierstaates, und die

---

66 So schrieb Lenin im Jahre 1916: „Der Rentnerstaat ist der Staat des parasitären, verfaulenden Kapitalismus, und dieser Umstand muss [in] allen sozialen und politischen Verhältnissen der betreffenden Länder [...] seinen Ausdruck finden.", Lenin, S. 82.

67 Vgl. Luciani, S. 70.

68 Vgl. ebd., S. 69.

69 Vgl. Schmid, S. 47.

70 Vgl. Abdel-Fadil, S. 87f.

71 Vgl. Beblawi, S. 53.

ausgeprägten bürokratischen Strukturen helfen ihm dabei, den Einfluss des Staates in allen Bereichen der Gesellschaft geltend zu machen.[72]

Aus der bisherigen Darstellung lassen sich drei wesentliche Komponenten herauskristallisieren, die die Funktionsweise eines Rentierstaates charakterisieren. Ein Rentierstaat ist demzufolge gekennzeichnet durch:

1. „eine spezielle Einkommensstruktur, die vorrangig aus regelmäßig von außen einströmenden Renten im erheblichen Umfang besteht,
2. einen Renten-Appropriationsmodus, bei dem der Staat als zentrale Aneignungsinstanz von Rente auftritt,
3. eine spezifisch rentierstaatliche Verhaltensweise, wonach das staatliche Verhalten eine Funktion der Struktur dieser besonderen Staatsrevenuen und der jeweiligen Konfiguration des politischen Marktes ist."[73]

Da der Staat bei der Verteilung der Renten die entscheidende Instanz ist, besitzen einflussreiche Kontakte zu politischen Repräsentanten und Staatsbediensteten eine hohe Bedeutung für außenstehende Akteure. Diese stellen den Schlüssel zu den Renten dar, weshalb die verschiedenen Sonderinteressengruppen um ihre Gunst werben. Daraus ergeben sich nicht selten relativ gefestigte Interessenkoalitionen zwischen Politikern oder Bürokraten auf der einen und gesellschaftlichen Akteuren auf der anderen Seite. Besonders die in diesem Zusammenhang auftretende Korruption macht das *rent-seeking* - neben den anderen negativen Folgeerscheinungen - zu einem Negativfaktor für die langfristige wirtschaftliche Entwicklung jener Länder. Es sind jedoch weniger die für die Korruption aufgewendeten Ressourcen, die der Wirtschaft abträglich sind, sondern es ist die Deformation staatlicher Strukturen und Ziele, die sich, umgemünzt auf die Umsetzung von Sonderinteressen, desaströs auswirken.

---

72 Vgl. Schmid, S. 44f.

73 Ebd., S. 45.

2.1.2 Das System der Reziprozität: Korruption

Das Ausmaß von Korruption wird - neben anderen Faktoren[74] - besonders durch die Größe der Rohstoffvorkommen eines Landes bestimmt, da mit der Ausbeutung von natürlichen Ressourcen Renten im großen Umfang erzielt werden.[75] Korruption ist damit eng verwoben mit dem Verteilungskampf um Renten und stellt eine besondere Form des *rent-seeking* dar: „In comparison to lobbying, corruption is commonly described as the more monopolistic form of *rent-seeking*. *Rent-seeking* is called corruption when competition for preferential treatment is restricted to a few insiders and when rent-seeking expenses are valuable to the recipient."[76]

Unter Korruption soll hier der Missbrauch eines öffentlichen Amtes unter Einbeziehung eines nicht-staatlichen Akteurs verstanden werden, der im Wettbewerb um Ressourcen seines eigenen Vorteils willen eine monetäre oder geldwerte Leistung zugunsten des staatlichen Entscheidungsträgers erbringt.[77] Die Grundlage dieses reziproken Verhältnisses bildet dabei jeweils die Absicht der persönlichen Nutzenmaximierung, wobei die Initiative zur Korruption sowohl vom Korrumpierenden als auch vom Korrumpierten ausgehen kann, dessen Position es ihm erlaubt, an ersteren Forderungen zu stellen.[78]

Wenn man das Augenmerk auf die Initiatoren von Korruption richtet, so lassen sich also zwei Formen von Korruption unterscheiden: Die „klassische" Korruption geht nach allgemeinen Verständnis vonseiten des Unternehmers bzw. von wirtschaftlichen Interessengruppen aus, die einen mit der nötigen Entscheidungsbefugnis versehenen öffentlichen Akteur bestechen, um einen präferenziellen Zugang zu Renten (in Form von Konzessionen und

---

74 Dies sind u.a. hierarchische und klientelorientierte Gesellschaftsstrukturen, vgl. Alemann, S. 36.

75 Vgl. Leite und Weidmann, S. 3ff.

76 Vgl. Lambsdorff (2002), S. 120.

77 Vgl. Pleines, S. 249.

78 Vgl. Alemann, S. 30. Der hier umschriebene Begriff der Korruption umfasst somit kein klientelistisches Verhalten, da dieses nicht auf Bestechungszahlungen, sondern vielmehr auf Loyalität - u.a. aufgrund gemeinsamer langfristiger Interessen, gemeinsamer Gruppenzugehörigkeit, Verwandtschaft, Freundschaft etc. - beruht, weshalb Klientelismus auch als parochiale Korruption bezeichnet wird, vgl. Pleines, S. 248f.

Aufträgen) zu erlangen. Die Zahlung von Bestechungsgeld dient dementsprechend dazu, wichtige Entscheidungen zu beeinflussen und die Anwendung gesetzlicher Regelungen zu verhindern, um sich auf diese Weise ökonomische Vorteile zu verschaffen.[79]

Andererseits kann Korruption auch von den Entscheidungsträgern innerhalb der Bürokratie ausgehen, die ihr öffentliches Amt benutzen, um ihren „Anspruch" auf Teilhabe an den Ressourcenrenten zu realisieren. Ihrem Anliegen können sie gegebenenfalls Nachdruck verleihen, indem etwa zielgerichtet bürokratische Hürden für Unternehmen errichtet werden. Diese Form der Erpressung durch die Bürokratie (*bribe extortion*) ist vor allem dann möglich, wenn eine umfangreiche staatliche Regulierung vorherrscht und große Ermessenspielräume bestehen. Um den Status quo und damit ihren Einfluss zu gewährleisten, werden administrative Reformen durch die Staatsbediensteten behindert, während formelle Regelungen, die *bribe extortion* begünstigen, aktiv unterstützt werden. An die Stelle von staatlichen Direktiven treten informelle Regelungen, was zu einer „Aufweichung" der Reformen führt.[80]

Die Manipulation der Regelumsetzung wird als administrative Korruption bezeichnet, dagegen steht der Begriff *state capture*[81] für die Manipulation des Regelsetzungsprozesses. *State capture* bezieht sich damit auf jene staatlichen Akteure, die auf die Gesetzgebung oder die Setzung sonstiger Normen wesentlichen Einfluss haben. D.h. hier sind es die staatlichen Eliten in Bürokratie und Politik selbst, die sich korrumpieren lassen, sodass mächtige Wirtschaftssubjekte in der Lage sind, sich den Staat nach ihrem Gusto zu formen, um sich den Zugang zu Renten zu sichern.[82] Weil sich solche Aktivitäten auf einer höheren institutionellen Ebene vollziehen und die Akteure Teil der politischen und gesellschaftlichen Elite eines Landes sind, wird in diesem Zusammenhang auch von *grand corruption* gesprochen. Entgegen der situativen Korruption, die sich auf eher kurzlebige Transaktionen beschränkt, gründet die *grand corruption* auf systemischen und organisierten Struktu-

---

79 Vgl. Pleines, S. 253.

80 Vgl. Pleines, S. 248f.

81 State capture wird von der Weltbank definiert als „[...] shaping the formation of the basic rules of the game (i.e. laws, rules, decrees and regulations) through illicit and non-transparent private payments to public officals." Hellman et al., S. 2 (Hervorhebungen des Originals wurden aufgehoben).

82 Vgl. ebd., S. 2ff; Stykow, S. 275.

ren, weshalb sie einen besonders starken Einfluss auf das politische System auszuüben vermag.[83]

Was beide Varianten von Korruption gemein haben, ist ihre schädliche Wirkung. Nicht nur, dass sie das Vertrauen der Bevölkerung in den Staat und dessen Institutionen beeinträchtigt, sondern mit ihnen gehen vielmehr auch enorme Verluste für die Wirtschaft und das Gemeinwesen einher. Wurde früher Korruption nicht selten als *„ein notwendiges Schmiermittel schwergängiger bürokratischer Ökonomien"*[84] angesehen, als ein Instrument, das administrative Vorgänge beschleunigt und Elemente des Wettbewerbs in monopolistische Ökonomien hineinträgt, so wird diese Ansicht heute kaum noch vertreten.[85] Der Grund liegt darin, dass Bestechung eher zur Überregulierung und zur Verstetigung dieser Strukturen beiträgt, als dass sie diese überwindet.

Die Kosten der Korruption sind nicht gleichsetzbar mit der gezahlten Summe an Bestechungsgeldern, ihre Wirkung ist viel tiefer und umfassender,[86] auch wenn der von ihr verursachte Schaden für Dritte in der Regel nicht ohne weiteres erkennbar ist.[87] Gesamtwirtschaftlichen Schaden richtet Korruption einerseits dadurch an, dass die für sie aufgewendeten Mittel der Wirtschaft entzogen werden und so u.a. für notwendige Investitionen fehlen. Von weitaus größerer Bedeutung ist jedoch - andererseits - der Schaden, der infolge verzerrter Entscheidungen eintritt. So sind es nicht unbedingt die wirtschaftlich effizientesten Akteure, die von diesen Aktivitäten profitieren, sondern lediglich jene, die am erfolgreichsten das *rent-seeking* betreiben. Entsprechend werden oftmals nicht diejenigen Projekte realisiert, die kosteneffizient sind und der Allgemeinheit zugute kommen, sondern solche, die vor allem hohe Bestechungszahlungen versprechen, weshalb kapitalintensive Projekte häufig bevorzugt werden.[88] In Übereinstimmung damit zeigen empirische Studien, dass besonders die Produktivität, also das Verhältnis von *output* zu *input*, unter Korruption leidet, da Korruption mit einer geringen Qualität der Bürokratie einhergeht und infolge dessen Ressourcen weniger pro-

83 Vgl. Alemann, S. 33.

84 Alemann, S. 40.

85 Vgl. Lambsdorff (2005), S. 233; Alemann, S. 40.

86 Vgl. Lambsdorff (2005), S. 233.

87 Vgl. Alemann, S. 29.

88 Vgl. Shleifer und Vishny, S. 106.

duktiv eingesetzt werden.[89] Der im Kontext von Korruption vorherrschende Mangel an bürokratischer Effizienz wird auch als ein Grund für die niedrigen Investitionsquoten in diesen Ländern angesehen.[90] Anderswo wird hervorgehoben, dass sich Korruption besonders deshalb negativ auf Investitionen auswirkt, weil Korruption in Verbindung mit fehlenden rechtsstaatlichen Traditionen steht, was vor allem bei ausländischen Investoren Unsicherheiten und Zweifel am Schutz von Eigentumsrechten und anderen rechtsstaatlichen Institutionen aufkommen lässt.[91]

Hinter Korruption stehen immer Partikularinteressen, was sich in der Bildung von Kartellen und Monopolen widerspiegelt, die Konkurrenten den Zugang zu den Rentenquellen erschweren und die Öffentlichkeit von diesen Transaktionen möglichst abzuschirmen sollen.[92] Anstatt Monopole aufzubrechen, wie einst angenommen wurde, fördert Korruption vielmehr monopolistische Strukturen. Korruption trägt also insgesamt eine wesentliche Mitverantwortung an der *underperformance* ressourcenreicher Länder. Mit ihr gehen mangelnder Wettbewerb, ineffiziente staatliche Institutionen und eine damit verbundene allgemeine Verschwendung von Ressourcen einher. Die Korruption als gesteigerte Form des *rent-seeking* behindert dadurch die gesamtgesellschaftliche Entwicklung dieser Länder.

2.1.3 Die Neigung zu autoritären Regimen

Die aufgrund der monopolistischen Rentenappropriation und -allokation stark hierarchisch geprägte funktionale Struktur von Rentierstaaten begünstigt, wie empirische Studien zeigen[93], die Existenz autoritärer Regime in diesen Ländern. Denn die – besonders in Hinsicht auf Point-Ressourcen – monopolistische Verfügungsgewalt über die externen Renten ermöglicht es dem Regime, die Renten nach machtpolitischen Kriterien aufzuwenden. Die Kontrolle über die Ressourcen stellt damit einen entscheidenden Machtfaktor dar. Die ergiebigen Einnahmen gewährleisten dem Staat finanzielle Autonomie, wodurch dessen Handlungsspiel-

89 Vgl. Lambsdorff (2005), S. 235ff.

90 Vgl. u.a. Mauro, S. 700ff.

91 Vgl. Lambsdorff (2005), S. 245. Dem entspricht auch die Feststellung, dass mit steigender Unabhängigkeit der Justiz eine abnehmende Korruptionsrate zu verzeichnen ist, vgl. Alemann, S. 36.

92 Vgl. Shleifer und Vishny, S. 107f.

93 Für viele Ross (2001).

raum erheblich erweitert wird. Hinsichtlich der Allokation der Rente nur rein politischen Erwägungen verpflichtet, „[...] schwankt die Staatsklasse zwischen Selbstprivilegierung und Legitimationszwang." [94]

Im Rahmen der wissenschaftlichen Auseinandersetzung mit diesem Thema werden verschiedene Gründe genannt, weshalb besonders rohstoffreiche Länder zu autoritären Regimen neigen. Als ein Argument wird angeführt, dass der Staat aufgrund der extern erzielten Rente, als die überwiegende Einnahmequelle des Staates, der Bevölkerung eine wesentlich geringere oder gar keine Abgaben abverlangt, weshalb sich für den Staat die Rechenschaftspflicht hinsichtlich der Verwendung der Staatseinnahmen verringert und die Bevölkerung in der Konsequenz entsprechend weniger politische Partizipation einfordert:[95]

> „As oil revenues accrue from abroad, the state is relieved of the burden of taxation. In turn, the primary function of the state becomes distribution (or allocation) rather than extraction. States then utilize the distributive function as a potential source of legitimacy. Distribution relieves the state of the political accountability that accompanies taxation."[96]

Forderungen vonseiten der Bevölkerung nach politischer Partizipation werden dadurch absorbiert, dass sich das Regime die politische Unterstützung gezielt durch Patronage sichert. Das Regime wird demzufolge vorrangig solche Maßnahmen treffen, von denen es annehmen kann, dass sie die Präferenzbedürfnisse der Bürger bzw. der politisch relevanten Gruppierungen der Gesellschaft befriedigen. Da der Staat die zentrale Instanz ist, welche die Partizipationschancen an den Renten verteilt, entsteht eine von oben geformte Gesellschaftsstruktur, welche in Abhängigkeit zum Staat steht.[97] Dies macht die Rentenallokation zu einem Regieren nach dem Prinzip *divide et impera*.

Dass die Rentenallokation eher politischen statt ökonomischen Regeln folgt, zeigt sich u.a. an der anteilsmäßig hohen Beschäftigung im öffentlichen Sektor. Einerseits dient der öffentliche Dienst vielfach dazu, eine bestimmte Klientel mit einfluss- und ertragreichen Posten zu versorgen. Andererseits werden im großen Um-

94 Elsenhals, zitiert in: Schmid, S. 46.

95 Vgl. Ross (2001), S. 332.

96 Okruhlik, S. 296.

97 Vgl. Schmid, S. 44ff.

fang (unproduktive) Stellen im öffentlichen Dienst und in den staatlichen Unternehmen geschaffen, um sich den Rückhalt in der Bevölkerung zu sichern.[98] Die Erhöhung der Beschäftigung im öffentlichen Dienst ist daher *„a politically appealing way to redistribute rents."*[99]

Die Aussicht auf eine wie auch immer geartete Partizipation am „Renten-Zyklus"[100] mag damit einem nicht unwesentlichen Teil der Bevölkerung insgesamt attraktiver erscheinen als etwa durch politische Forderungen Gegenmaßnahmen des Staates zu provozieren. D.h. obwohl in den meisten Ländern der Rohstoffreichtum eher die Einkommensunterschiede verschärft, erhöht dies nicht unmittelbar die Wahrscheinlichkeit, dass das Staatsvolk nach mehr politischen Rechten verlangt.[101] Während bestimmte gesellschaftliche Segmente durch das Regime eine besondere Förderung erfahren, können die gleichen finanziellen Mittel auf der anderen Seite freilich auch dazu genutzt werden, um die Formierung vom Staat unabhängiger sozialer Gruppen zu verhindern. Es ist daher auch kein Zufall, dass viele dieser Länder einen großen Teil ihrer Einnahmen für die interne Sicherheit aufwenden, um mögliche oppositionelle Strömungen zu unterbinden. Weil umfangreiche Rohstoffvorkommen Auslöser für innerstaatliche Konflikte sein können, besitzen rohstoffreiche Länder oft auch relativ große Streitkräfte. Denn nicht selten sind Bodenschätze in Regionen konzentriert, die von ethnischen oder religiösen Minderheiten besiedelt werden. Das Militär dient jedoch nicht nur der Machtprojektion nach innen, sondern auch dazu, um Interventionen von außen, die das Regime destabilisieren könnten, entgegenzuwirken.[102]

Eine weitere Erklärung dafür, weshalb gerade Rohstoffreichtum autoritäre Regime begünstigt, bezieht sich auf die Modernisierungstheorie, wonach ein sozio-kultureller Wandel - welcher die berufliche Spezialisierung, Urbanisierung und einen höheren Bildungsstand der Bevölkerung beinhaltet - durch die wirtschaftliche Entwicklung bewirkt wird.[103] Da es jedoch gerade die rohstoffreichen Länder sind, die paradoxerweise vergleichsweise

---

98 Vgl. Auty und Gelb, S. 134.

99 Ebd.

100 Schmid, S. 46.

101 Vgl. Lam und Wantchekon, S. 2.

102 Vgl. Ross (2001), S. 335.

103 Vgl. Lipset.

wenig in die Bildung investieren und aufgrund ihrer Wirtschaftsstruktur eine nur geringe Spezialisierung aufweisen,[104] könne dies auch ein Grund dafür sein, dass diese Länder daran scheitern, Demokratie herbeizuführen.[105]

Empirische Studien belegen, dass externe Revenuen einen stabilisierenden Einfluss vorwiegend auf autoritäre Regime haben.[106] Die hier genannten Erklärungsversuche zur Verbindung zwischen Rohstoffressourcen und autoritärem Regime machen indessen auch die Verwundbarkeit des autoritären Rentierstaates deutlich. Sie zeigen, wie wichtig der stetige Zufluss von externen Renten für die Funktionsweise dieses Systems ist; alle machtpolitischen Instrumente beruhen fast ausschließlich auf der Fähigkeit des Staates, externe Rentenrevenuen zu beschaffen. Insofern besitzt das Regime eine eher eingeschränkte Autonomie gegenüber der gesellschaftlichen Basis, welche den Staat einem mehr oder weniger permanenten politisch-sozialem Druck aussetzt. Solange allerdings, wie der autoritäre Staat in der Lage ist, seiner Distributionsfunktion nachzukommen und nicht etwa staatliche Repression den Alltag bestimmt, kann die Akzeptanz des Regimes durch die Mehrheit der Bevölkerung als relativ sicher gelten:

> „The stability of state formations is increased if, beyond being able to appropriate resources for their own ends, they also play an economic role which objectivly increases the sum total of resources available to the country that they run. While this is, in itself, neither a necessary nor sufficient condition for stabilty of state formations, it is reasonable to expect that states that perform a useful economic function will be more easily accepted in the specific form and configuration that they take."[107]

2.2 Die Frage nach dem „idealen" politischen System: Demokratie, Autokratie und wirtschaftliche Entwicklung

2.2.1 Die Bedeutung staatlicher Institutionen

Institutionen regeln sowohl das zwischenmenschliche Miteinander als auch das Verhältnis zwischen Gesellschaft und Staat. Sie

---

104 Vgl. Birdsall et al., S. 57.

105 Vgl. Ross (2001), S. 336f.

106 Vgl. Smith; Morrison.

107 Luciani, S. 65.

gelten nach *North* als die *„Spielregeln einer Gesellschaft"*, die der menschlichen Interaktion gemeingültige Richtlinien vorgeben.[108] Aufgrund der gesamtgesellschaftlichen Bedeutung von Institutionen steht auch ihre Rolle für die wirtschaftliche Entwicklung eines Landes außer Frage: „Sie sind der wesentliche Bestimmungsfaktor der langfristigen Wirtschaftsleistung."[109]

Am Beispiel der rohstoffreichen Staaten wird dies besonders deutlich. Die Qualität der Institutionen entscheidet darüber, ob sich der Rohstoffreichtum für ein Land als Segen oder als Fluch erweist. Vor allem im Fall von Point-Ressourcen ist die Rolle der Institutionen besonders brisant. Empirische Untersuchungen bestätigen,[110] dass die ressourcenreichen Staaten, die wirtschaftliche Erfolge zeitigen, zugleich auch qualitativ gute Institutionen besitzen.[111] Jene Staaten allerdings, die bereits vor dem Ressourcenboom schlechte Institutionen besaßen, schneiden wirtschaftlich auch deshalb wesentlich schlechter ab, weil im Verlauf des Booms die Qualität der Institutionen immer weiter abnimmt.[112] Viele Länder sind daher durch den Widerspruch gekennzeichnet, dass sich trotz der hohen Renteneinnahmen ihr Gesamteinkommen verringert - *„the paradox of plenty"*.[113]

Stabile Institutionen sind nötig, da nur sie die korrekte Umsetzung von Reformen und anderen wirtschaftspolitischen Maßnahmen gewährleisten können, welche erforderlich sind, um den negativen Begleiterscheinungen des Ressourcenreichtums erfolgreich zu begegnen. Es sind die so genannten *„grabber friendly institutions"*[114], die ein extensives *rent-seeking* ermöglichen im Zuge dessen sich die wirtschaftlichen Aktivitäten aus dem produzierenden Sektor in andere, unproduktive Bereiche verlagern, die jedoch aus Sicht des Rentiers eine günstigere Aufwand-Nutzen-Relation aufweisen. Qualitativ mangelhafte Institutionen ermöglichen den Einfluss von Sonderinteressen infolge von Korruption und Patronage und erlauben der politischen Führung eine macht-

---

108 North, S. 3.

109 Ebd., S. 127.

110 Vgl. u.a. Karl. (1997). Leite und Weidmann (1999) zeigen exemplarisch, dass Korruption im Zusammenspiel mit Ressourcenreichtum besonders dann hoch ist, wenn staatliche Institutionen schwach sind.

111 Vgl. Mehlum et al, S. 3.

112 Vgl. ebd., S. 16.

113 Karl (1997).

114 Vgl. Mehlum et al., S. 6f.

politisch motivierte, aber ökonomisch ineffiziente Ressourcenverteilung. Das Ergebnis ist der weitere Verfall staatlicher Institutionen.[115]

Staatliche Institutionen müssen daher so angelegt sein, dass sie die Kontrolle der politischen Führung über die staatlichen Ressourcen in dem Maße einschränken, dass eine Verwendung der Rohstoffrenten frei von Partikularinteressen erfolgen kann. Ein wirtschaftlicher Erfolg auf der Basis der Rohstoffeinkommen kann sich weiterhin nur dann einstellen, wenn die Institutionen auch *„producer friendly"*[116] ausgerichtet sind. Hierzu gehören u.a. eine effektive Bürokratie, staatlich garantierte Eigentumsrechte oder die Transparenz des politischen Entscheidungsprozesses. Daran wird deutlich, dass vor allem das Vertrauen der wirtschaftlichen Akteure in den Staat für die ökonomische Entwicklung ausschlaggebend ist. Dazu tragen stabile staatliche Institutionen bei, indem sie Unsicherheiten reduzieren.[117]

2.2.2 Welches ist das ideale politische System?

An dieser Stelle kommt die Frage auf, welches politische System wirklich die besten Voraussetzungen schafft, damit der Rohstoffreichtum zum Vorteil und nicht zum Nachteil eines Landes gereicht. Ein politisches System, welches „nur" Stabilität verheißt, kann den Anforderungen nicht gerecht werden. Politische Stabilität steht nicht automatisch für ein „gutes" Regieren. Und so sind es auch oftmals die repressiven, ausbeuterischen Regime, die - gestützt auf die staatlichen Ressourcen - eine besondere Stabilität aufweisen: „Stability may, in fact, mean political immobilism, which is seldom for the better: what is frozen is not necessarily peace, but conflict; not freedom, but oppression." [118]

Die Frage, ob Demokratien oder Autokratien günstigere Bedingungen für das Wirtschaftswachstum schaffen, ist sowohl theoretisch als auch empirisch nicht eindeutig geklärt.[119] Während empirische Studien keine signifikanten linearen Regimeeffekte auf die Wirtschaftsperformanz nachwiesen, deuteten hingegen die Ergebnisse einiger weniger Untersuchungen, die nichtlineare Effek-

---

115 Vgl. Robinson et al., S. 26ff.

116 Vgl. ebd., S. 11ff.

117 Vgl. North, S. 4ff.

118 Luciani, S. 82.

119 Einen guten Überblick bieten Przeworski und Limongi (1993).

te testen, daraufhin, dass möglicherweise eine invers *u-förmige* Beziehung zwischen Demokratie und Wirtschaftswachstum besteht. Dies würde bedeuten, dass der Übergang von der Autokratie zur Demokratie Wachstumsimpulse freisetzt, wobei das Überschreiten eines bestimmten Schwellenwertes im Demokratisierungsniveau ein rückläufiges Wachstum zur Folge hat.[120]

Als Paradebeispiel für eine autoritäre Modernisierung gelten gemeinhin die ostasiatischen „Tigerstaaten", auf die daher von den Befürwortern eines solchen Entwicklungspfades fortwährend als Beweis für die Leistungsfähigkeit autoritärer Regime hingewiesen wird. Die Vertreter dieser Sichtweise argumentieren, dass Politiker in Demokratien in hohem Maße dem Druck von Verteilungskoalitionen ausgesetzt sind und demzufolge eher kurzfristige Ziele verfolgen, die ihre Wiederwahl gewährleisten. Auch werden die mit den Wahlen verbundenen häufigen Führungswechsel als ein Nachteil der Demokratie gewertet, da diese politische Instabilitäten erzeugen und eine Kontinuität staatlicher Politik verhindern. Der Vorteil einer Autokratie wird dem gegenüber in ihrer staatlichen Autonomie gesehen, die es ihr ermöglicht, langfristige Wachstumsstrategien ohne Rücksichtnahme auf gesellschaftliche Sonderinteressen zu implementieren.[121]

Autokratien zeichnen sich zwar allgemein durch ihre größere Autonomie aus, doch besteht häufig sehr wohl eine gewisse Abhängigkeit des Regimes von der Gesellschaft. Staatliche Autonomie alleine ist zudem auch kein Garant dafür, dass effiziente Policies zur Anwendung kommen.[122] Im Unterschied dazu hängt das politische Überleben einer demokratisch gewählten Regierung ausschließlich von der Unterstützung ihrer Wähler ab, die sie vor allem an ihrer Leistung messen. Es wird daher auch die Meinung vertreten, dass häufige Wahlen und Machtwechsel nicht unbedingt für schlechte Wachstumsraten stehen, sondern vielmehr Ausdruck des Elitenwettbewerbs in Demokratien sind, der effiziente Policies bewirkt.[123] Für einen gewissen Grad an Instabilität im politischen Prozess spricht auch die *Olsonsche* Feststellung, dass sich gerade in den stabilen Demokratien Verteilungskoalitionen formieren und festsetzen, die dort mit der Zeit zu ökonomi-

---

120 Vgl. Obinger, S. 140.

121 Vgl. Przeworski und Limongi (1993), S. 56.

122 Vgl. Maravall, S.30.

123 Vgl. Obinger, S. 126.

scher Stagnation und *„institutional sclerosis"* führen.[124] Daneben ermittelten Untersuchungen, dass sich lediglich hochgradige politische Instabilitäten, ausgelöst durch gewaltintensive Konflikte wie Revolutionen oder Kriege, negativ auf die ökonomische Entwicklung auswirken.[125] Führungswechsel gehören in Demokratien zudem zur Routine, während Machtwechsel in Autokratien, wenn sie einmal eintreten, mit massiven Unsicherheiten einhergehen, was sie ökonomisch kostspielig macht.[126]

Mit einer autoritären Herrschaft wird insbesondere vielfach die Hoffnung verbunden, dass sie die institutionelle Ordnung zu schaffen vermag, die notwendig ist, um ein nachhaltiges Wirtschaftswachstum zu ermöglichen. Da jedoch sämtliche institutionelle Arrangements auf dem Versprechen des Autokraten beruhen, diese zu respektieren, ist eine solche Regierungsform immer mit einem mehr oder weniger hohen Grad an Unsicherheit verbunden. Im günstigsten Fall handelt es sich daher um einen *„benevolent dictator"*, der seine Macht ganz dem Wohle des Landes verschreibt. Allerdings darf bezweifelt werden, dass er - obschon viele vorgaben, nach jenen Prinzipien zu regieren - je existierte.[127] Vorstellbar wäre auch ein „rationaler Autokrat", der sowohl der Erzielung eines langfristig hohen Einkommens als auch der Festigung seiner Macht wegen ein Interesse an der wirtschaftlichen Entwicklung des von ihm kontrollierten Territoriums besitzt. Von *Olson* stammt diese abstrakte Figur, die er als „stationären Banditen" bezeichnete.[128] Anstatt sich alles sofort anzueignen, investiert der „sesshafte Räuber" zunächst, indem er seinem Wirtschaftsraum eine institutionelle Ordnung gibt, und koppelt in der Erwartung steigender Wirtschaftsraten sein zukünftiges Einkommen an die ökonomische Entwicklung seines Herrschaftsbereiches. Durch die positiven Rahmenbedingungen erhöht sich das *output* und mit ihm die Besteuerungsgrundlage für den Autokraten. Obwohl sich die Interessen des Autokraten am eigenen Nutzen orientieren, erweisen sie sich insgesamt als „umfassend" und kompatibel mit jenen von Produzenten und Konsumenten.

Das Modell des rationalen Autokraten impliziert, dass der Machthaber über einen entsprechend großen Planungshorizont verfügt.

---

124 Vgl. Olson (1982).

125 Vgl. Obinger, S. 140.

126 Vgl. Przeworski et al. (2000), S. 271.

127 Vgl. Wintrobe, S. 95f.

128 Vgl. Olson (2002), Kapitel 1.

Dies ist jedoch nur möglich, wenn der Autokrat sich sicher sein kann, dass seine Herrschaft oder gar die seiner Dynastie von langer Dauer sein wird, sodass er und möglichst auch seine Nachkommen langfristig einen Zugang zu den wirtschaftlichen Überschüssen besitzen. Sollte dies nicht der Fall sein, würde dies die Existenz eines „umherziehenden Banditen“ provozieren, der sich in Ermangelung zukünftiger Gelegenheiten alles sofort aneignet und damit jegliche Wirtschaftstätigkeit stark beeinträchtigt.[129]

Obwohl einige autoritäre Staaten ein außergewöhnlich hohes Wirtschaftswachstum generierten, können Verallgemeinerungen hinsichtlich des Zusammenhangs von autoritärem Regime und Wirtschaftsperformanz nicht gemacht werden. So weisen die Wachstumsprofile der Autokratien eine gegenüber den voll entwickelten Demokratien sehr hohe Varianz auf, während die etablierten Demokratien eine relativ homogene Gruppe darstellen, innerhalb derer sich weder Länder mit schrumpfender, noch Wirtschaftswunderländer vom Schlage der ostasiatischen Tigerstaaten befinden.[130] Insgesamt handelt es sich auch nur um eine ausgesprochen kleine Anzahl autoritärer Regime, die wirtschaftliche Erfolge zeitigten. Die überwiegende Mehrheit gehört zu den ökonomischen Verlierern im internationalen Vergleich.[131] Darüber hinaus ist auch das ostasiatische Wachstum multikausal, einzelne Faktoren können nur schwerlich isoliert betrachtet werden.[132]

Auch wenn bisher keine direkte Beziehung zwischen politischem System und Wirtschaftswachstum festgestellt werden konnte, so sprechen doch insgesamt gute logische, theoretische, historische und empirische Gründe für einen starken Zusammenhang zwischen Kapitalismus und Demokratie, ohne dass diese jedoch - wie auch das Beispiel China zeigt - eine zwingende Funktionsvoraussetzung für den Kapitalismus darstellt.[133] Ein komplementäres - Element beider Größen zeigt sich u.a. darin, dass die Institutionen, welche die Rechte des Einzelnen in einer Demokratie schützen, auch jene sind, die die für den wirtschaftlichen Fortschritt so wichtigen Eigentums- und Vertragsrechte garantieren.

---

129 Vgl. ebd.

130 Vgl. Obinger, S. 140.

131 Vgl. Pinto und Timmons, S. 30.

132 Vgl. Stykow, S. 273.

133 Vgl. ebd.

Sie können jedoch nicht sicher sein, wenn es die Demokratie selbst nicht ist.[134] Die Governance-Qualitäten der Demokratie offenbaren sich entsprechend auch nur dann, „wenn es sich um eine *‚funktionale Demokratie'* handelt, bei der eine Delegation von Macht und Entscheidungskompetenz nicht zu chaotischen Entscheidungsstrukturen führt und gesellschaftliche Pluralisierung nicht Anlass zur Herausbildung und Verstetigung korrupter und rentenorientierter Macht- und Interessengruppierungen bildet."[135]

Neben den Wahlen ist die Gewaltenteilung ein weiterer entscheidender Kontrollmechanismus. Sie bilden zusammen den funktionalen Kern von Demokratien. Besonders für die hier thematisierten ressourcenreichen Staaten ist dieses institutionelle Arrangement von außerordentlicher Bedeutung. Denn die mit dem Rohstoffreichtum verbundenen finanziellen und politischen Möglichkeiten stellen ganz besondere Anreize dar, individuelle Interessen oder die Interessen der eigenen Gruppe über die des Staates und der gesellschaftlichen Mehrheit zu stellen. Ein anderes Bild zeigen hier die ostasiatischen Tigerstaaten, deren autoritäre Modernisierung nicht durch eigene Rohstoffe flankiert wurde. Im Vergleich zu den rohstoffreichen Ländern mussten hier mehr oder weniger erst Werte erwirtschaftet werden. Die spezifischen politischen und ökonomischen Risiken, die die Rohstoffländer kennzeichnen, kamen daher hier nicht oder nur in sehr abgeschwächter Form zum Tragen.

Somit scheint Demokratie gerade für die Rohstoffländer unverzichtbar zu sein. Nur die ihr immanente institutionelle Verbindung von – *„elections cum political checks and balances"*[136] – ist in der Lage, die politische Führung gegenüber den Versuchungen, die der Rohstoffreichtum mit sich bringt, weitestgehend zu immunisieren. Die Presse- und die Meinungsfreiheit sind weitere unverzichtbare demokratische Institutionen, die auf der gesellschaftlichen Ebene die Kontrolle der Regierungstätigkeit gewährleisten. In diesem Zusammenhang sind auch die demokratischen Parteien zu nennen, die als *„aggregative agencies"* von Interessen ein Gegengewicht zu den sektoralen oder lokalen Sonderinteressen bilden.[137]

---

134 Vgl. Olson (2002), S. 53f.

135 Höhmann, S. 28f.

136 Keefer, S. 34.

137 Vgl. Maravall, S. 29.

Wirtschaftlich so erfolgreiche Länder wie Norwegen, Kanada oder Botswana - um nur einige zu nennen - untermauern empirisch die Annahme über einen positiven Zusammenhang von Demokratie, Ressourcenreichtum und wirtschaftlicher Entwicklung. Zusammenfassend kann man sich der Aussage von Przeworski et al. anschließen, die konstatierten: „we did not find a shred of evidence that democracy need be sacrificed on the altar of development."[138]

138 Przeworski et al (2000), S. 271.

III. Die Verbindung von Rohstoffreichtum, politischem System und wirtschaftlicher Entwicklung in Russland

1. Die russische Wirtschaft: Eine ressourcenbasierte Ökonomie im Wachstum

Die für die russische Wirtschaft von Krisen geprägten 1990er Jahre sollten wider Erwarten ein positives Ende nehmen: Seit 1999 verzeichnet Russland ein stetiges Wirtschaftswachstum. Im Jahr 2000 erreichte es mit 10 Prozent seinen höchsten Wert. Vor allem dank der auf dem Weltmarkt gestiegenen Rohstoffpreise konnte das rohstoffreiche Land sein fulminantes Wirtschaftswachstum der letzten Jahre erbringen. Rohstoffe sind Russlands wichtigstes Exportgut. Dennoch kann das Land nicht als klassischer Ressourcenstaat bezeichnet werden. Dafür ist Russlands industrielle Basis zu groß und - trotz seiner strukturellen Defizite - zu vielschichtig. Zudem wird ein großer Teil der Rohstoffe im eigenen Land verwendet oder weiter verarbeitet. Russland unterscheidet sich dadurch deutlich von anderen reinen Rohstoffexportländern.

Ungeachtet der bisherigen Erfolge hat Russland noch eine Vielzahl wirtschaftlicher Herausforderungen zu bewältigen. Anders ausgedrückt: „Der Umstand, dass die Wirtschaft wächst, bedeutet nicht, dass sie auch gut funktioniert."[139] Das betrifft besonders die marktwirtschaftlichen Institutionen, die noch nicht vollständig ausgeprägt oder häufig zu schwach sind. Allgemein hat die russische Wirtschaft noch schwer an dem sowjetischen Erbe zu tragen. Die Struktur der russischen Wirtschaft ist zu einseitig und die aus ihr hervorgehenden Produkte sind vielfach nicht konkurrenzfähig. Gerade die Rohstoffe - die für das Wachstum in hohem Maße verantwortlich zeichnen - sind es, die die weitere Entwicklung der russischen Wirtschaft gefährden könnten. Nur durch eine umsichtige Wirtschaftspolitik kann es Russland gelingen, seine Ressourcen in einen tatsächlichen Reichtum zu verwandeln - für das ganze Land. Russland muss vor allem die Abhängigkeit von seinen Energierohstoffen reduzieren. Im Vordergrund russischer Wirtschaftspolitik steht daher auch die Diversifizierung der Wirtschaft und der Aufbau einer modernen und innovativen Indust-

139 Sutela (2005), S. 35.

rie. Der Erfolg dieser Politik hängt im Wesentlichen von der monetären Stabilität, dem „Humankapital" und der weiteren Entwicklung des Energiesektors ab. In erster Linie ist es aber der Faktor Politik selbst, der entscheidet.

1.1 Der russische Ressourcenreichtum

Die Russische Förderation ist mit 17,1 Millionen km² der größte Flächenstaat der Erde und umfasst etwa 76 Prozent des ehemaligen sowjetischen Territoriums. Ein Viertel der Fläche Russlands erstreckt sich auf europäisches Gebiet, während drei Viertel des Landes in Asien liegen.[140] Das gewaltige Ausmaß dieses kontinentalen Raumes umfasst eine Vielzahl verschiedener natürlicher Ressourcen, die Russland zu dem rohstoffreichsten Land der Welt machen.[141] Der geologisch-tektonische Aufbau bestimmt die räumliche Verteilung und die Erschließbarkeit der Bodenschätze. Die Russische Tafel im europäischen Teil des Landes ist arm an Bodenschätzen, nur im äußersten Nordosten befinden sich die Kohlelagerstätten von Workuta, im zentralen Teil um Kursk finden sich Eisenerze und im Süden, im Grenzgebiet zur Ukraine, lagert die Kohle des Donbass. Erze kommen insbesondere in Gebirgen wie den Chibinen auf der Kola-Halbinsel, im Ural, im Altai, im Sajan sowie in anderen sibirischen Gebirgszügen vor. In den Vorsenken dieser Gebirge finden sich darüber hinaus Lagerstätten von Steinkohle. Insgesamt besitzt Russland die zweitgrößten nachgewiesenen Kohlevorkommen,[142] wovon allerdings ein beträchtlicher Teil in Sibirien lagert und wegen des dort vorherrschenden Permafrostbodens unter wirtschaftlichen und technischen Gesichtspunkten derzeit nicht nutzbar ist. Von großer Bedeutung sind weiterhin die Vorkommen an Buntmetallerzen, wie die Kupfer-, Kobalt- und Nickelerze von Norilsk am Nordrand des Mittelsibirischen Berglandes, ferner auch die Gold- und Diamantenvorkommen, die sich östlich des Jenissej befinden. Die größten Vorkommen an Diamanten lagern in Sacha-Jakutien. Aufgrund des enormen Umfangs an bewaldeter Fläche (etwa 51 Prozent des gesamten Territoriums)[143] spielt nach wie vor die Ressource Holz eine wichtige ökonomische Rolle. Der Dauerfrostboden nimmt 47 Prozent der Landesfläche ein, was die Bearbeitung

140 Vgl. Mommsen, S. 373.

141 Vgl. Götz (1/2004), S. 4.

142 Vgl. BP Statistical Review of World Energy, June 2006.

143 Vgl. Federal'naja služba gosudarstvennoj statistiki (Rosstat), S. 27.

des Bodens in weiten Teilen Sibiriens und des Fernen Ostens stark beeinträchtigt.[144] Rund 10 Prozent des Ackerlandes der Erde befinden sich in Russland.[145]

Von außerordentlicher Bedeutung für Russland sind die umfangreichen Erdöl- und Erdgasvorkommen. Die russischen Erdölreserven betrugen Ende 2005 10,4 Milliarden Tonnen oder 6,2 Prozent der Weltreserven. Russland liegt damit hinter den führenden OPEC-Ländern an 7. Stelle. Bei den Erdgasreserven nimmt Russland mit 47,8 Billionen Kubikmetern, was einem Anteil von 26,6 Prozent an den Weltreserven entspricht, vor dem Iran (14,9 Prozent) und Katar (14,3 Prozent) den 1. Platz ein (Tabellen 1 und 2).[146] Wenn man jene Ressourcenvorkommen in die Kalkulation mit einbeziehen würde, die gegenwärtig entweder aus wirtschaftlichen oder technischen Gründen nicht gefördert werden können oder die nur vermutet werden, so stünde Russland ebenfalls bei den Erdölvorkommen auf Platz eins der Weltrangliste, während sich der Vorsprung bei den Erdgasvorräten gegenüber den nachfolgenden Förderländern sogar noch vergrößern würde.[147]

Tabelle 1: Die 10 Länder mit den weltweit größten Erdölreserven (2005)

Die größten Erdölreserven		Reserven in Mrd. t	Anteil an der Gesamtmenge in %	Produktion		Verhältnis von R/P in Jahre
				in Mio. t/Jahr	Anteil in %	
1	Saudi Arabien	37,0	22,0	526,2	13,5	65,6
2	Iran	19,3	11,5	200,4	5,1	93,0
3	Irak	16,1	9,6	89,5	2,3	>100,0
4	Kuwait	14,2	8,5	130,1	3,3	>100,0
5	VA Emirate	13,7	8,1	129,0	3,3	97,4
6	Venezuela	11,2	6,6	154,7	4,0	72,6
7	Russische Föderation	10,4	6,2	470,0	12,1	21,4
8	Kasachstan	5,5	3,3	63,0	1,6	79,6
9	Libyen	5,4	3,3	80,1	2,1	63,0
10	Nigeria	5,0	3,0	125,4	3,2	38,1

Quelle: BP Statistical Review of World Energy.

---

144 Vgl. Stadelbauer, S. 10ff.

145 Vgl. RIA Novosti: Russlands Wirtschaft. http://de.rian.ru/landundleute/20060822/52987330.html (16.12.06).

146 Vgl. BP Statistical Review of World Energy, June 2006.

147 Vgl. Götz (2004), S. 87ff.

Tabelle 2: Die 10 Länder mit den weltweit größten Erdgasreserven (2005)

Die größten Erdgasreserven		Reserven in Bill. m^3	Anteil an der Gesamtmenge in %	Produktion		Verhältnis von R/P in Jahre
				in Mrd. m^3/Jahr	Anteil in %	
1	Russische Föderation	47,8	26,6	598,0	21,6	80,0
2	Iran	26,7	14,9	87,0	3,1	>100,0
3	Katar	25,8	14,3	43,5	1,6	>100,0
4	Saudi Arabien	6,9	3,8	69,5	2,5	99,3
5	VA Emirate	6,0	3,4	46,6	1,7	>100,0
6	USA	5,5	3,0	525,7	19,0	10,4
7	Nigeria	5,2	2,9	21,8	0,3	>100,0
8	Algerien	4,6	2,5	87,8	3,2	52,2
9	Venezuela	4,3	2,4	28,9	1,0	>100,0
10	Irak	3,2	1,8	-	-	>100,0

Quelle: BP Statistical Review of World Energy.

Die Lagerstätten von Erdöl und Erdgas sind vorwiegend an weitgespannte geologische Becken wie die Kaspische Senke, das westliche Uralvorland oder Westsibirien gebunden. Die Erdölreserven konzentrieren sich zu drei Vierteln im nördlichen Westsibirien. Umfangreiche, aber weitgehend noch unerschlossene Erdölvorkommen erstrecken sich zudem über Ostsibirien. Größere Förderregionen für Erdgas befinden sich insbesondere im Westsibirischen Becken, auf der Halbinsel Jamal und dem russischen Teil der Barentssee sowie in der Karasee. Weitere Gasfelder liegen am Ober- und Unterlauf der Lena sowie im Nordteil der Insel Sachalin.[148]

Auf den Zusammenbruch des planwirtschaftlichen Systems folgte ein massiver Rückgang der Erdölfördermengen, wohingegen die Erdgasförderung nur geringe Einbußen zu verzeichnen hatte. Die Erdölförderung, die in den achtziger Jahren ihr „Plateau" mit rund 550 Millionen Tonnen pro Jahr erreichte, fiel bis 1998 auf rund 300 Millionen Tonnen zurück. Die Gründe für den Produktionseinbruch in den neunziger Jahren lagen in erster Linie in der Stilllegung von Förderquellen sowie in einem starken Rückgang der Neuerkundungen, was beides mit der Umstrukturierung des Sektors in Verbindung stand, aber auch ein Resultat des Missmanagements zu Sowjetzeiten war. Erdölfelder wurden aufgrund der Planvorgaben überstürzt und wenig effizient ausgebeutet, so

148 Vgl. ebd.; Stadelbauer, S. 12.

dass die Neuerkundungen nicht mit der Erschöpfung der Felder Schritt halten konnten.[149] Der russische Erdölsektor hat sich nach 1999 jedoch wieder kontinuierlich erholen können. Mit einer Förderleistung von 470 Millionen Tonnen im Jahre 2005 ist die Produktion seitdem um mehr als 50 Prozent gestiegen.

Diagramm 1: Die Entwicklung der russischen Erdöl- und Erdgasförderung

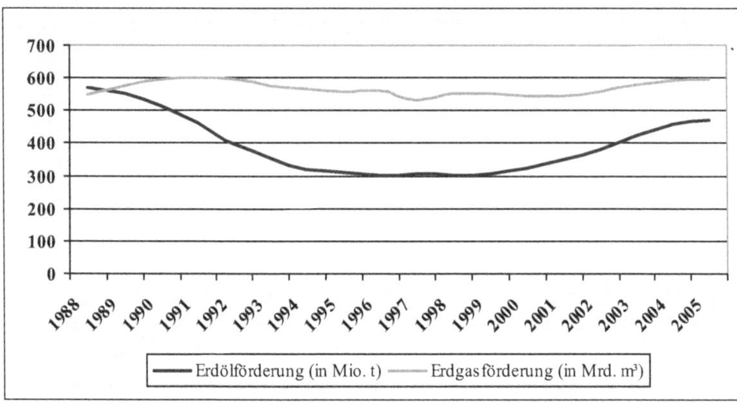

Quelle: BP Statistical Review of World Energy.

1.2 Bestimmungsfaktoren des russischen Wirtschaftswachstums

Erlitt Russland nach dem Ende der Sowjetunion und der daraufhin eingeleiteten Systemtransformation noch einen dramatischen Rückgang seiner Wirtschaftleistung, so verzeichnet die russische Wirtschaft seit nunmehr acht Jahren beträchtliche Wachstumsraten. Die Wachstumsrate betrug im Durchschnitt der Jahre 1999 bis 2005 6,7 Prozent (Diagramm 1).[150] Hauptwachstumsträger war die Industrie mit einem durchschnittlichen Wachstum von 7 Prozent in diesem Zeitraum. Aber auch der Dienstleistungssektor konnte kräftig zulegen. Die Wachstumsführer innerhalb der Industrie waren Energie und Rohstoffe, wenngleich der Maschinenbau und die Konsumgüterproduktion sich ebenfalls in den letzten Jahren positiv entwickelten und Boden gutmachen konnten.[151]

---

149 Vgl. Götz (2004), S. 96.

150 Vgl. World Bank: Russian Economic Report, December 2006, S. 2.

151 Vgl. Höhmann (2005), S. 17.

1.2.1 Die Wirtschafts- und Finanzkrise des Jahres 1998

Obwohl der Energie- und Rohstoffsektor in der Gesamtbetrachtung die treibende Kraft hinter dem russischen Wirtschaftwachstum war und ist, zeigt sich allerdings hinsichtlich der Ausgangsbasis des Aufschwungs ein differenzierteres Bild: Dem ökonomischen Aufschwung ging die Wirtschafts- und Finanzkrise des Jahres 1998 voraus. Sie markiert gewissermaßen den Beginn des ökonomischen Wiederaufstiegs. Verursacht wurde die Krise insbesondere durch eine unverantwortliche Steuerpolitik des russischen Staates sowie durch die Akkumulation kurzfristiger Schulden. In- und ausländische Banken sowie Investoren waren zudem zu hohe Risken eingegangen, während die staatlichen Entscheidungsträger nicht in der Lage waren, eine programmatische Richtung vorzugeben. Der bereits im Vorfeld der Krise einsetzende drastische Rückgang der Erdölpreise sowie die Auswirkungen der asiatischen Finanzkrise waren Faktoren, welche die brisante finanzielle und wirtschaftliche Lage Russlands zusätzlich anheizten.[152]

Der Wachstumsanstoß ging in erster Linie von dem enormen Kurssturz des Rubels aus, der gegenüber dem US-Dollar fast die Hälfte an Wert verlor.[153] Gleichzeitig sanken im Zuge der Krise die Reallöhne um mehr als 30 Prozent. Es kam zu einem Einbruch der russischen Importe, während sich die Konkurrenzfähigkeit der russischen Produkte aufgrund reduzierter Löhne und eines niedrigen Wechselkurses erheblich erhöhte. Die aus der Abwertung des Rubels resultierende Importsubstitution trug entscheidend zur Erholung der russischen Binnenproduktion bei.[154] Die Wirtschaftskrise bereitete Russland damit unerwartet den Boden für jenen Wachstumspfad, auf dem sich das Land seit 1998/99 befindet. Die ökonomische Wende, die sie nach den Jahren der Stagnation einleitete, war allerdings mit beträchtlichen sozialen Kosten verbunden, wodurch auch der sich gerade konsolidierende Mittelstand in seiner Entwicklung stark zurückgeworfen wurde.[155]

---

152 Vgl. Sutela (2001), S. 142, Auty (2002), S. 49.

153 Vgl. Clement (2005), S. 60.

154 Vgl. Höhmann (2005), S. 20f.

155 Vgl. ebd., S. 19.

1.2.2 Der Anstieg der Rohstoffpreise

Der Wachstumsimpuls ging also nicht von den Preisentwicklungen auf den Energie- und Rohstoffmärkten aus, zumal die meisten für Russland relevanten Rohstoffpreise bis 1998 gefallen waren und selbst 1999 noch größtenteils unter dem Niveau von 1995 lagen, sondern primär von der Importsubstitution infolge der Rubelabwertung. Ab 2000 stiegen jedoch die Rohstoffpreise auf den internationalen Märkten deutlich. Die anhaltenden Preissteigerungen sorgten dafür, dass sich der Rohstoffsektor zur zentralen Kraft des Wirtschaftswachstums in Russland entwickeln konnte. Es wird angenommen, dass der direkte Beitrag des Rohstoffsektors zum Wirtschaftswachstum für die Jahre 2001 bis 2004 bei mehr als einem Drittel lag. Allein der Anteil der Erdölindustrie am Wachstum des BIP wird mit gut einem Viertel beziffert.[156] Der indirekte Beitrag des boomenden Erdölsektors zum Wachstum dürfte insbesondere hinsichtlich seines Einflusses auf die Binnennachfrage noch weitaus höher liegen.[157] Berechnungen der *Bank of Finland* zufolge bewirke ein 10-prozentiger Anstieg der internationalen Erdölpreise ein Wachstum des russischen BIP um etwa 2,2 Prozent. Wenn man berücksichtigt, dass die internationalen Erdölpreise im Zeitraum 1999 bis Mitte 2006 um mehr als das Sechsfache stiegen, so wird die außerordentliche Bedeutung dieses Sektors deutlich.[158] Auch der Preis des Erdgases, des zweiten zentralen Exportprodukts Russlands, ist - mit einigem Verzug - dem Trend des Ölpreises gefolgt. Waren es im Jahre 2000 noch 53,8 Prozent, so entfielen 2005 bereits 64,6 Prozent aller Ausfuhren auf die Kategorie Mineralische Produkte, die vor allem die Exporte von Erdöl, Erdölprodukten und Erdgas beinhaltet.

156 Vgl. Ahrend, S. 15.

157 Vgl. ebd.

158 Vgl. Juurikkala und Ollus, S. 6.

Abbildung 1: Die Exportstruktur Russlands (2005)

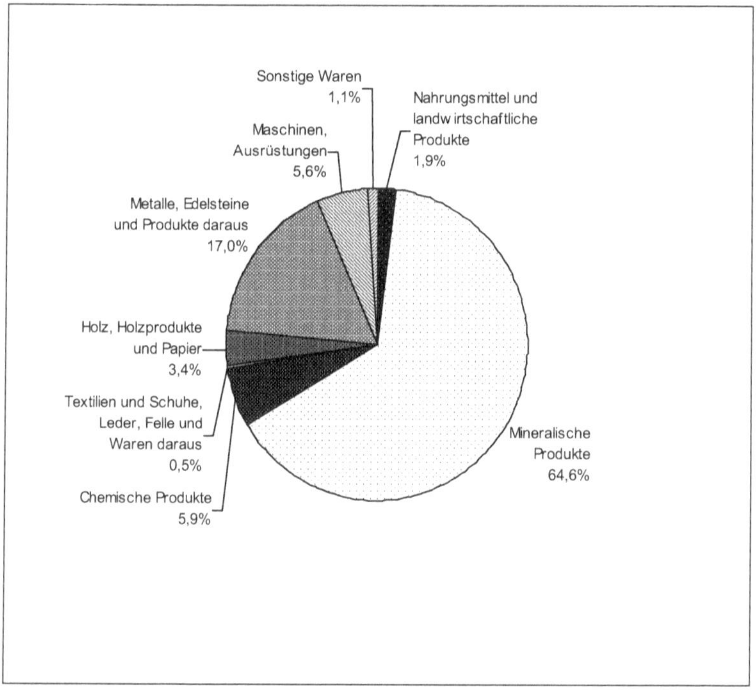

Quelle: Rosstat, S. 427.

Die hohen Einnahmen aus den Exportzöllen für Energieträger sowie die Gewinnsteuern, welche die steigenden Gewinne der Produzenten und Exporteure abschöpfen, führten dazu, dass sich die Haushaltslage des Staates drastisch verbesserte. Der russische Staat, der in der Hochphase der Krise von 1998 teilweise zahlungsunfähig war,[159] konnte nun ausstehende Löhne zahlen und seine sonstigen umfangreichen Verbindlichkeiten tilgen. Dies trug wesentlich zur Remonetarisierung der Wirtschaft bei, indem die Bartergeschäfte an den ökonomischen Transaktionen bedeutend verringert wurden. Die Binnennachfrage nahm kräftig zu. So stieg der private Konsum von 1999 bis 2005 um über 61 Prozent.[160] Aufgrund der starken Rubelabwertung profitierten besonders die inländischen Anbieter von der gestiegenen Nachfrage, was einen

159 Vgl. Sutela, S. 140.

160 Vgl. Clement (2006), S. 21.

beträchtlichen Wachstumsschub brachte. Darüber hinaus versetzten die wachsenden Gewinne die Erdölförderunternehmen in die Lage, Investitionen vorzunehmen.[161] Während 1999 nur 2,6 Milliarden US-Dollar in den Ölsektor investiert worden, waren es 2001 bereits 8 Milliarden US-Dollar.[162] Besonders die privatisierten Erdölunternehmen tätigten umfangreiche Investitionen. Entsprechend hoch ist ihr Beitrag am Wiederaufstieg des russischen Erdölsektors. Private Erdölproduzenten wie Jukos oder Sibneft nahmen ausländische Ölfirmen unter Vertrag, die mit moderner Technologie und dem nötigen *know-how* eine große Zahl stillgelegter Ölquellen reparierten. Auch die Überalterung der Anlagen wurde gestoppt.[163] Ab 2000 zeigt sich daher ein deutlicher Anstieg der Förderleistung. Zusätzlich zu den Preissteigerungen auf den internationalen Rohstoffmärkten konnten so trotz des wachsenden Eigenbedarfs die Exportmengen von Erdöl und Erdölprodukten kräftig gesteigert werden. Der Höchststand der russischen Erdölexporte wurde 2004 erreicht und lag fast 80 Prozent über dem Wert des Jahres 2000 (Tabellen 3 und 4). Beide Faktoren zusammen trieben die Gewinne der Firmen und die Einahmen des Staates in bis dahin unbekannte Höhen. Auf die Erdgasförderung, die weitestgehend bei dem vom Staat kontrollierten Unternehmen Gazprom monopolisiert ist, hatten sich die zusätzlichen Erlöse dagegen nur geringfügig ausgewirkt. Der Erdgassektor hatte allerdings auch nicht den Fördereinbruch erfahren, der beim Erdöl zu beobachten war. Jedoch erhöhten sich auch hier die Investitionen. Sie stiegen im Zeitraum 1999 bis 2001 von knapp einer Milliarde US-Dollar auf mehr als zwei Milliarden US-Dollar pro Jahr.[164]

Russland hat sich insgesamt von einem „abgekoppelten Transformationsland"[165] in ein wirtschaftlich aufholendes Land verwandelt. Die beachtlichen Ergebnisse dieser Entwicklung lassen sich anhand einiger Kennziffern ablesen:

- Die russische Wirtschaft zeitigt ein stetes Wachstum. Auch 2006 wuchs die Wirtschaft wieder. Es wird von einem Wachstum des BIP von 6,8 Prozent ausgegangen.
- Aus den erheblichen Defiziten des Staatshaushalts der 1990er Jahre wurden gewaltige Überschüsse. Seit 2000 schloss der

161 Vgl. Clement (2005), S. 68.

162 Vgl. Götz (2004), S. 97.

163 Vgl. ebd.

164 Vgl. ebd., S. 102f.

165 Höhmann (2005), S. 18.

Haushalt jährlich mit einem positiven Saldo. 2005 wurde ein Haushaltsüberschuss von 7,4 Prozent des BIP erzielt.[166]

- Die staatlichen Gold- und Devisenreserven erreichen Rekordstände und gehören heute zu den größten der Welt. Sie betrugen am 30.11.2006 289 Milliarden US-Dollar. Ein Jahr zuvor waren es noch 168,4 Milliarden US-Dollar gewesen, so dass eine Steigerung von 71,6 Prozent erzielt werden konnte.[167]
- Der im Januar 2004 aufgrund der hohen Profite aus dem Erdölexport eingerichtete Stabilisierungsfonds erreichte im November 2006 bereits ein Volumen von 83,2 Milliarden US-Dollar.[168]
- Der wackelige Schuldnerstaat Russland der 1990er Jahre verwandelte sich zu einem Gläubigerstaat, der seine Schulden vorzeitig zurückzahlt. Allein 2005 wurden die Auslandsschulden um 32 Milliarden US-Dollar abgebaut.[169]
- Russland erwirtschaftet jährlich einen hohen Außenhandelsüberschuss. 2005 zählte er 118,3 Milliarden US-Dollar.[170] Der Leistungsbilanzüberschuss betrug im gleichen Jahr 84,2 Milliarden US-Dollar oder 11 Prozent des BIP.[171]
- Die Inflationsrate sank deutlich, obwohl sie 2005 mit 10,9 Prozent immer noch zu hoch lag.
- Der Anteil der Bevölkerung, der unter der Armutsgrenze lebt, reduzierte sich von etwa 30 Prozent im Jahr 1999 auf unter 15 Prozent. Die Einkommen nahmen erheblich zu. Im Zeitraum 2001 bis 2005 stiegen die realen Löhne pro Jahr im Durchschnitt um 14 Prozent.[172]

---

166 Vgl. Bank of Finland: Institut for Economies in Transition (BOFIT), Russia Review, 11/2006, S. 2.

167 Vgl. Russische Zentralbank: http://www.cbr.ru (12.12.06).

168 Vgl. BOFIT: Russia Review, 12/2006, S. 2.

169 Vgl. Clement (2006), S. 22.

170 Vgl. Federal'naja služba gosudarstvennoj statistiki: Rossija v cifrach 2006, S. 425.

171 Vgl. World Bank: Russian Economic Report, April 2006, Table 10.

172 Vgl. OECD: Economic survey of the Russian Federation 2006. http://www.oecd.org/document/43/0,2340,en_2649_201185_37722603_1_1_1_1,00.html (22.01.07).

Diagramm 2: Das russische Wirtschaftswachstum (in Prozent)

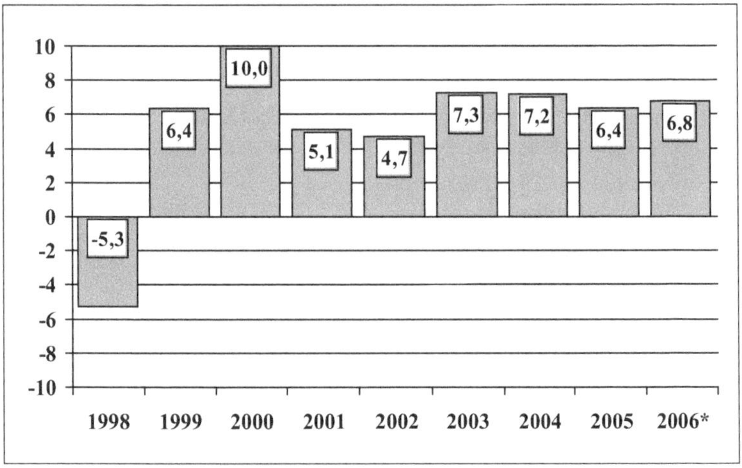

Quelle: BOFIT Russia Review 12/2006, S. 1, * Prognose.

1.3 Die Schattenseiten des Rohstoffreichtums

Die genannten wirtschaftlichen Erfolge sollen jedoch nicht darüber hinwegtäuschen, dass Russland eine Vielzahl wirtschaftlicher Herausforderungen zu bewältigen hat und die marktwirtschaftliche Entwicklung noch keineswegs als abgeschlossen gelten kann. Der Großteil der ökonomischen Probleme ist auf das sowjetische Erbe zurückführbar, was insbesondere für die Wirtschaftsstruktur und die allgemein geringe Wettbewerbsfähigkeit russischer Unternehmen gilt. Auch die hohe Abhängigkeit des heutigen Russland von seinen Rohstoffressourcen und die damit verbundenen „Pathologien" haben ihre Wurzeln in der sowjetischen Planwirtschaft.

1.3.1 Die Abhängigkeit vom Rohstoffsektor

Ein zentrales Problemfeld betrifft die wirtschaftliche Abhängigkeit des Staates von der Rohstoffwirtschaft und den Energieexporten. Bereits die sowjetische Wirtschaft beruhte auf einer extensiven Nutzung der natürlichen Ressourcen und zu einem nicht unwesentlichen Teil auf ihrer Ausfuhr.[173] Ohne das Energie- und Rohstoffpolster wäre der wirtschaftliche Abstieg der Sowjetunion viel schneller verlaufen. Die „OPEC-Ölkrisen" der 1970er Jahre, von denen die UdSSR als Erdölexporteur profitierte, halfen die Stagnation ihrer Wirtschaft zeitweise zu überspielen. Doch das Vertrauen auf fortwährend hohe Einnahmen aus dem Erdölexport sollte sich als Trugschluss erweisen. Denn in den 1980er Jahren fielen die Preise für Erdöl auf den internationalen Märkten.[174] Damit stieg die Verschuldung gegenüber dem westlichen Ausland, da Importe zum Großteil durch Kredite finanziert wurden, die man ihrerseits durch die Erlöse aus dem Erdölexport zu tilgen gedachte.[175]

Dies spiegelt auch die Verwundbarkeit der russischen Wirtschaft aufgrund ihrer Abhängigkeit von den internationalen Rohstoffpreisen wider. Zudem ist die Abhängigkeit des heutigen Russland vom Rohstoffexport im Vergleich zur Sowjetunion wesentlich ausgeprägter, was vor allem dem Niedergang der sonstigen Wirtschaftszweige geschuldet ist. Besonders die Investitions- und Konsumgüterindustrien fielen der Importkonkurrenz im Zuge der außenwirtschaftlichen Öffnung zum Opfer.[176] Hinzu kommen die enormen Einnahmen aus dem Rohstoffexport infolge der in den letzten Jahren stark gestiegenen Rohstoffpreise. Sie verschärfen zusätzlich die Abhängigkeit vom Rohstoffexport. Sinkende Preise für Energieträger würden für die russische Wirtschaft eine deutliche Verschlechterung der *terms of trade* bedeuten. Angesichts der zentralen Bedeutung dieser Rohstoffe müsste mit einem enormen Rückgang des Wirtschaftswachstums gerechnet werden. Die Außenhandelsbilanzüberschüsse würden schnell verschwinden, und der Staatshaushalt liefe Gefahr, ins Defizit zu geraten.[177]

Laut allgemeiner Übereinkunft handelt es sich um einen Ressourcenstaat, wenn der Rohstoffsektor für mehr als 10 Prozent des BIP steht und Rohstoffexporte mehr als 40 Prozent des gesamten Au-

173 Vgl. u.a. Brüggmann, S. 169f.

174 Es wird angenommen, dass Saudi Arabien damals mehr oder weniger gezielt seine Erdölförderung erhöhte und auf dieses Weise einen Absturz des Ölpreises bewirkte, vgl. ebd.

175 Gajdar beschreibt in seinem Buch „Gibel' Imperii. Uroki dlja sovremennoj Rossii" (Der Untergang des Imperiums. Lehren für das heutige Russland) ausführlich die Folgen der Rohstoffabhängigkeit für die sowjetische Ökonomie.

176 Vgl. Götz (2006/02), S. 4.

177 Vgl. Clement (2005), S. 70.

ßenhandels umfassen. In Russland betrug 2005 allein der Anteil der Energierohstoffe am BIP etwa 30 Prozent, der Anteil jener Ressourcen an den Exporten lag bei 64,6 Prozent. Unter Einbezug weiterer Rohstoffe wie Eisen, Buntmetalle und Holz kommt man auf einen Anteil dieser Rohstoffexporte an den Gesamtausfuhren von über 80 Prozent (Abbildung 2). Die Abhängigkeit Russlands von der Förderung und dem Export der Energierohstoffe wird weiterhin daran deutlich, dass 2005 56 Prozent aller Exporteinnahmen aus dem Erdöl- und Erdgasexport erzielt wurden und annähernd die Hälfte der gesamten Staatseinnahmen auf jene Rohstoffe zurückzuführen waren.[178] Dieser Trend hat sich 2006 weiter verstärkt. In den ersten neun Monaten des Jahres stiegen die Einnahmen aus dem Erdölexport im Vergleich zum Vorjahr um etwa ein Drittel. Auch die Erlöse aus dem Erdgasexport nahmen in diesen Zeitraum kräftig zu. Sie stiegen gegenüber dem Vorjahr um mehr als 40 Prozent. Russland weist damit insgesamt deutlich die Eigenschaften eines Ressourcenstaates auf.

Tabelle 3: Wichtige Produkte des russischen Exports

Produkt	1995	1999	2000	2003	2004	2005
Erdöl, Mio. t	116	135	145	223	258	252
Erdölprodukte, Mio. t	47	57	63	78	83	97
Erdgas, Mrd. cbm	180	205	194	189	200	208
Steinkohle, Mio. t	29	28	44	61	72	80
Eisenerz und Konzentrate, Mio. t	17	12	19	17	17	18
Nickel, unverarbeitet, 1000 t	153	281	197	238	251	261
Aluminium, unverarbeitet, Mio. t	2	3	3	3	3	4
Pkw, 1000 Einheiten	210	70	118	118	131	132
Lkw, 1000 Einheiten	23	15	13	37	41	49

Quelle: Rosstat: Rossijskij statističeskij eżegodnik, 2004, S. 657, zitiert in: Clement (2005), S. 67; Zahlen aus 2000, 2004 und 2005: Rosstat, S. 438.

178 Vgl. Juurikkala und Ollus, S. 6f.

Tabelle 4: Preisentwicklung russischer Exportgüter (USD je t)

Produkt	Zielgebiet	1995	1997	1998	1999	2000	2001	2002	2003	2004	2005
Erdöl	n.GUS	110	118	74	111	185	156	163	182	232	344
	GUS	90	104	77	68	102	125	111	134	197	253
Erdöl-produkte	n.GUS	104	117	76	94	172	145	148	181	234	348
	GUS	128	207	140	119	217	216	164	184	237	366
Steinkohle	n.GUS	36	36	27	16	26	28	26	28	36	45
	GUS	31	38	28	18	31	36	32	33	55	66
Eisenerze, Konzentrate	n.GUS	23	24	22	16	18	18	18	20	32	49
	GUS	23	20	22	11	14	11	10	12	23	38
Kupfer	n.GUS	2550	2100	1658	1427	1675	1470	1371	1612	2615	3455
	GUS	1396	2819	2413	2450	2004	1701	1350	1520	n. v.	n. v.
Aluminium, unverarbeitet	n.GUS	1519	1401	1354	1153	1296	1177	1037	1056	1176	1310
	GUS	1526	1871	1743	1500	1757	1722	1591	1589	n. v.	n. v.

Quelle: Rosstat: Rossijskij statističeskij ežegodnik, 2004, S. 650, zitiert in: Clement (2005), S. 67; Zahlen aus 2000 und 2005: Rosstat, S. 442f.

1.3.2 Die Wirkung der Dutch disease

Die anhaltend hohen Einnahmen aus dem Erdöl- und Erdgasexport erweisen sich als Stütze des russischen Wirtschaftswachstums. Die mit ihnen einhergehende erhöhte Investitionstätigkeit sowie die gestiegenen Einkommen beflügeln die Inlandsnachfrage, was auch ein Wachstum in anderen Wirtschaftsbereichen nach sich zieht. Die Kehrseite der hohen *windfall*-Profite besteht allerdings darin, dass sie die Gefahr eines Auftretens der wachstumsschädlichen *Dutch disease* auf den Plan rufen. Und tatsächlich zeigt sich in der herstellenden Industrie bereits ihre Wirkung.

Denn die hohen Außenhandelsüberschüsse führen zu einer steten Aufwertung des Rubels, weshalb die infolge der Wirtschaftkrise von 1998 gestiegene Konkurrenzfähigkeit russischer Hersteller fast vollständig wieder verloren ging.[179] Der erstarkende Rubel sorgt einerseits dafür, dass sich die Exporte der verarbeitenden Industrie verteuern. Andererseits verbilligen sich die Importe. Die wachsende Nachfrage nach Kosum- und Investitionsgütern wird daher zunehmend durch ausländische Fertigwaren gedeckt. Die Wettbewerbsfähigkeit der verarbeitenden Industrie nimmt auf diese Weise sowohl auf dem Binnenmarkt als auch auf dem Weltmarkt ab. Besonders der Maschinenbau, der sich in der Zeit nach der Krise durch hohe Wachstumsraten auszeichnete, ist von

179 Vgl. OECD (FN 172). Der Wechselkurs des Rubels stieg gegenüber dem US-Dollar 2006 um 9,6 Prozent, vgl. BOFIT Weekly, 3/2007.

der Kurssteigerung des Rubels betroffen. Während das Wachstum des Maschinenbaus 2004 noch bei über 20 Prozent lag, sank es im Jahr 2005 auf minus 0,1 Prozent. Aber auch in anderen Bereichen, wie der Chemie oder der Elektrotechnik, zeigen sich die negativen Begleiterscheinungen der Rubelaufwertung.[180] Darüber hinaus stiegen im Kontext des hohen Devisenzuflusses beständig die realen Einkommen. Im Zeitraum 1999 bis 2006 hat sich der Durchschnittslohn in Russland mehr als versechsfacht. Er stieg von 62 auf nunmehr 402 US-Dollar.[181] Die verarbeitende Industrie gerät so verstärkt unter Preisdruck. In der Konsequenz werden Arbeitsplätze in diesem Sektor abgebaut, um die Kosten zu reduzieren. So ist in Hinsicht auf den Faktor Arbeit, aber auch insgesamt eine Verschiebung von Ressourcen aus der verarbeitenden Industrie hin zu anderen Sektoren - allen voran zu den Dienstleistungen - feststellbar.[182] Die mit den hohen Marktpreisen für Energierohstoffe verbundenen umfangreichen Einnahmen erhöhen damit für Russland das Risiko einer zunehmenden Deindustrialisierung.

Tabelle 5: Veränderung der Beschäftigungszahlen in ausgewählten Sektoren (2005)

Sektor	**Veränderung in Prozent**
Landwirtschaft, Jagd und Forst	-11,9
Förderung mineralischer Ressourcen	-2,3
verarbeitende Industrie	-4,0
Bauwirtschaft	-1,4
Handel und andere Dienstleistungen	9,7
Hotel- und Restaurantwesen	2,6
Transport und Kommunikation	-2,1
Finanzwesen	7,4
Immobilien und Leasing	-0,5
Staatliche Verwaltung und Sozialleistungen	7,2
Total	**-1,0**

Quelle: World Bank: Russian Economic Report, April 2006, S. 4.

180 Vgl. World Bank: Russian Economic Report, April 2006, S. 2f und Dezember 2006, S. 3; BOFIT: Russia Review, 11/2006, S.1.

181 Vgl. BOFIT: Russia Review 11/2006, S.3.; RIA Novosti, 26.01.2007. http://en.rian.ru/russia/2007 0126/59738450-print.html (05.02.07)

182 Vgl. World Bank: Russian Economic Report, April 2006, S. 4.

1.4 Wirtschaftspolitische Maßnahmen für ein nachhaltiges Wachstum

Ein konstant hohes Wachstum gilt für die politische Führung Russlands als die entscheidende Bedingung für die Erreichung ihrer Ziele. Ihr ist bewusst, dass die Reduzierung der Armut vor allem von der wirtschaftlichen Entwicklung des Landes abhängt. Und ohne sichtbare Erfolge bei der Armutsbekämpfung kann die Loyalität der Bevölkerung gegenüber dem Staat, die für die Konsolidierung der Macht unerlässlich ist, nicht dauerhaft gesichert werden. Außenpolitisch ist die Wirtschaftsentwicklung von Relevanz, da die ökonomische Leistungsfähigkeit Russlands auch den internationalen Status des Landes (als eine zumindest potentielle Großmacht) wesentlich mitbestimmt. Ein Abrutschen des Landes in den Status eines bloßen Rohstofflieferanten, der aufgrund seiner Abhängigkeit von den Zentren der Weltwirtschaft nicht in der Lage ist, seine nationalökonomische Entwicklung zu beeinflussen, würde die außenpolitischen Ambitionen der russischen Führung unmöglich machen.[183]

Als unmittelbares Wachstumsziel hat Präsident Putin die Verdoppelung des BIP pro Kopf bis zum Jahre 2010 ausgegeben. In dem Wissen, dass ein rein quantitatives Wachstum langfristig jedoch nicht die gewünschten Erfolge zu zeitigen vermag, ist die russische Regierung bestrebt, ein qualitatives und intensives Wachstum herbeizuführen. Der Änderung der Wirtschaftsstruktur schreibt sie deshalb eine besondere Bedeutung zu. Die Diversifizierung der Wirtschaft soll ein Wachstum von innen heraus, ein auf nationaler Grundlage beruhendes Wachstum gewährleisten und damit die Abhängigkeit von externen, unkalkulierbaren Faktoren verringern.[184]

Die russische Wirtschaftspolitik ist demnach primär auf zwei grundlegende Ziele ausgerichtet:[185] Die Beschleunigung des Wachstums und die Diversifizierung der Wirtschaftsstruktur. Diesbezüglich konstatierte Putin in seiner Botschaft an die Föderalversammlung des Jahres 2004:

> „We must grow faster than the rest of the world if we want to take the lead within today's complex rules of

183 Vgl. Fruchtmann, S. 153ff.

184 Vgl. Fruchtmann, S. 156.

185 Als Ziel im weiteren Sinne gilt die machtpolitische Stärkung des russischen Staates, vgl. ebd. S. 160.

> global competition. We must be ahead of other countries in our growth rate [...]"[186]

Und auf einem gemeinsamen Treffen des Sicherheitsrates und des Präsidiums des Staatsrates im Februar desselben Jahres sagte er:

> "For modern Russia, an innovative leap forward is a real key to rapidly modernising the country, and is a road that will take us towards a better quality of life for our people and a more competitive economy.[...] You know that the world economy's growth today is being fuelled by constant improvement to services and technology. New technologies account for more than half of GDP growth in countries such as the United States, Japan and Germany. Economies like these are more sustainable and have long-term competitive advantages. They are more diversified and therefore have better prospects and greater stability. Only this kind of economy will enable us to win ourselves a worthy place in the global market."[187]

1.4.1 Die Diversifizierung der Wirtschaft

Die russische Wirtschaft ist noch immer stark geprägt durch die sowjetische Struktur- und Regionalpolitik, die sich insbesondere durch die Dominanz der Schwer- und Rüstungsindustrie, eine politisch bestimmte Standortwahl und einen hohen Konzentrationsgrad der Produktion mit zahlreichen natürlichen und technologischen Monopolen auszeichnete. Verstärkt wurde die strukturelle Deformation zudem durch die allgemein geringe Qualität der sowjetischen Erzeugnisse, die dazu führte, dass außer Energie und Rohstoffen nur wenige Produkte auf dem Weltmarkt konkurrenzfähig waren. Die unter den sozialistischen Ländern vereinbarte Arbeitsteilung trug ihr Übriges zur Energie- und Rohstofflastigkeit der sowjetischen und russischen Wirtschaft bei.[188]

Im Vergleich zur Sowjetunion hat die strukturelle Unausgeglichenheit im heutigen Russland weiter zugenommen. Der Niedergang vieler Industriezweige nach dem Ende der Sowjetunion er-

---

186 Putin: Botschaft an die Föderalversammlung der Russischen Föderation, Moskau, 25.04.2004.

187 Putin: Einleitende Bemerkungen auf einem gemeinsamen Treffen des Sicherheitsrates und des Präsidiums des Staatsrates, Moskau, 24.02.2004.

188 Vgl. Höhmann, S. 25; Clement (2001), S. 153.

höhte zusätzlich das bereits bestehende Übergewicht der Schwerindustrie, was vor allem für den Energie- und Rohstoffsektor gilt. Dies spiegelt sich auch in der russischen Außenwirtschaft wider, die - wie zuvor die sowjetische - noch immer auf einer eher komplementären statt auf einer substitutiven Grundlage beruht: es werden Energie und Rohstoffe gegen Fertigprodukte gehandelt. Die stärksten Positionen bei den Importen sind Nahrungsmittel und landwirtschaftliche Produkte sowie Maschinen und Ausrüstungen. Auf sie entfallen knapp 63 Prozent aller Importe. Der hohe Importanteil von Nahrungsmitteln und landwirtschaftlichen Produkten ist die Folge der verfehlten sowjetischen Agrar- und Strukturpolitik. Allmählich beginnen sich jedoch die russische Landwirtschaft und die Nahrungsmittelindustrie von der jahrzehntelangen Vernachlässigung zu erholen.[189] Dass die Außenhandelsbilanz trotz der erheblichen Zuwächse bei den Importen - im ersten Halbjahr 2006 betrug die Steigerung gegenüber dem Vorjahreszeitraum 26 Prozent - jährlich positiv abschließt, verdankt Russland den hohen Erdölpreisen.[190]

Der traditionell hohe Anteil von Energieexporten am Außenhandel hat sich weiter erhöht. Dies verdeutlicht der in Tabelle 6 ausgewiesene steigende Anteil der mineralischen Rohstoffe, die fast ausschließlich Energierohstoffe umfassen.[191] Neben den Energierohstoffen exportiert Russland noch zahlreiche andere Rohstoffe, jedoch nur relativ wenig veredelte Güter.[192] Die einseitige russische Exportstruktur wird offensichtlich, wenn man in die Betrachtung zusätzlich die Holzlieferungen und den hohen Anteil der Metalle und Edelsteine sowie die chemische Industrie, die vor allem Produkte der Schwerchemie exportiert, mit einbezieht.[193] Im Jahr 2005 hatten diese Kategorien einen Anteil von etwa 90 Prozent am Gesamtexport.

---

189 Vgl. Clement (2005), S. 71f.

190 Vgl. World Bank: Russian Economic Report, December 2006, S. 6.

191 Vgl. ebd., S. 71.

192 Für die geringe Verarbeitungstiefe der Rohstoffindustrie steht beispielhaft der Export von Erdölprodukten. Weil in Russland die Kapazitäten für leichte Raffinerieprodukte nicht ausreichen, exportiert das Land vor allem schwere Erdölprodukte auf den internationalen Markt, für die die Preise weniger lukrativ sind. Durch eine Vergrößerung der Verarbeitungstiefe würde Russland einen bedeutend höheren Wertschöpfungsanteil erhalten und damit auch die Produktivität und die Beschäftigung verbessern, vgl. Clement (2005), S. 71f.

193 Vgl. Clement (2005), S. 71

Tabelle 6: Entwicklung der russischen Außenhandelsstruktur (in Prozent)

Warengruppe	Export				Import			
	1995	2000	2003	2005	1995	2000	2003	2005
Nahrungsmittel und landwirtschaftliche Produkte	3,3	1,6	2,5	1,9	28,2	21,8	21,1	17,7
Mineralische Produkte	42,0	53,8	57,3	64,6	6,4	6,3	3,8	3,1
Chemische Produkte	9,9	7,2	6,9	5,9	10,9	18,0	16,8	16,5
Textilien und Schuhe, inkl. Leder, Felle und Waren daraus	1,9	1,1	1,0	0,5	5,9	6,3	5,2	4,0
Holz, Holzprodukte und Papier	5,6	4,3	4,2	3,4	2,4	3,8	4,2	3,3
Metalle, Edelsteine und Produkte daraus	26,1	21,7	17,7	17,0	8,4	8,3	7,3	7,7
Maschinen, Ausrüstungen und Transportmittel	9,9	8,8	9,0	5,6	33,7	31,4	37,3	44,0
Sonstige Waren	1,3	1,5	1,4	1,1	4,1	4,1	4,3	3,7

Quelle: Rosstat: Rossijskij statističeskij ežegodnik, S. 654 2004, zitiert in: Clement (2005), S. 72; Zahlen aus 2005: Rosstat, S. 427f.

Mit der industriellen Infrastruktur bekam Russland gleichzeitig auch den größtenteils hochgradig veralteten Kapitalstock der Sowjetunion vererbt. Nahezu die Hälfte des gesamten Kapitalstocks gilt inzwischen als verschlissen.[194] Viele russische Produkte sind technisch und qualitativ nicht wettbewerbsfähig und können auf den Märkten in erster Linie nur aufgrund ihres Preisvorteils bestehen.[195] Den Modernisierungsrückstand der heimischen Industrie versucht der Staat durch die Gewährleistung niedriger Energiepreise auszugleichen. So ist der halbstaatliche Konzern Gazprom angehalten, seine Inlandspreise für Erdgas weit unterhalb des Exportpreises und kaum kostendeckend anzusetzen.[196] Das hat zur Folge, dass der extensive Einsatz von Energie, wel-

194 Höhmann, S. 19.

195 "In a context of intensive competition, scientific and technological advantages are the defining factors for a country's economic development. Unfortunately, a large part of the technological equipment used by Russian industry today lags not just years but decades behind the most advanced technology the world can offer. Even allowing for the climate conditions in Russia, our energy use is many times less efficient than that of our direct competitors." Präsident Putin in seiner Botschaft an die Föderalversammlung der Russischen Föderation, Moskau, 10.05.2006.

196 Vgl. Götz (2006/02), S. 7.

cher im hohen Maße für die sowjetischen Industrien kennzeichnend war, auch weiterhin Anwendung findet.[197] Damit schwindet der Modernisierungsdruck auf die russischen Industrieunternehmen, was ihren technologischen Rückstand gegenüber der ausländischen Konkurrenz fortwährend vergrößert.[198] Die niedrigen Inlandspreise für Energieträger bieten daneben umfangreiche Möglichkeiten für *rent-seeking*.[199] Monopolistische Strukturen, vielfach unter staatlicher Beteiligung, behindern zudem nicht selten die Einführung moderner, ressourcensparender Produktionsverfahren, indem sie den Marktzugang für neue, produktivere Unternehmen blockieren.[200] Der mangelnde Wettbewerb in diesen Bereichen führt in der Konsequenz dazu, dass der für die wirtschaftliche Erneuerung notwendige Prozess der *„schöpferischen Zerstörung"*[201] gelähmt wird, also das wettbewerbsbedingte Ausscheiden unrentabel arbeitender Unternehmen.

Die durchschnittliche Produktivität der russischen verarbeitenden Industrie ist in Relation zu den Lohnkosten vergleichsweise gering. Sie entspricht ungefähr einem Drittel der Südafrikas oder der Hälfte der Polens. Die Wertschöpfung pro Arbeiter ist in Deutschland 10mal höher als in Russland. In Bezug auf die Wertschöpfung pro Arbeiter kann die russische verarbeitende Industrie zwar mit der Chinas gleichziehen, allerdings besitzt China mit seinen geringen Lohnkosten einen wesentlichen Wettbewerbsvorteil.[202]

Aufgrund von Kapazitätsbeschränkungen im Energiesektor konzentriert sich das Wachstum zunehmend auf den Dienstleistungssektor, der weniger im Wettbewerb mit dem Ausland steht. Im Gegensatz dazu verschlechtert sich die Wettbewerbsfähigkeit der

---

197 Der Energieeinsatz pro Einheit des Bruttosozialprodukts ist in Russland im Vergleich zu Deutschland 3mal höher (Stand 2003), vgl. Human Development Report 2006. http://hdr.undp.org/hdr2006/statistics/indicators/200.html (07.01.07)

198 Vgl. Auty (2002), S. 50f.

199 Anfang der 1990er Jahre waren etwa 20.000 Firmen registriert, die Erdöl exportierten, welches sie zu Inlandspreisen kauften und danach zu Weltmarktpreisen verkauften, vgl. ebd. Auch aufgrund der inzwischen hohen Exportbesteuerung von Energierohstoffen dürfte diese Verfahrensweise aber an Attraktivität verloren haben.

200 Vgl. World Bank: Russian Economic Report, December 2006, S. 16.

201 Schumpeter, S .134.

202 Vgl. World Bank: Russian Economic Report, December 2006, S. 18.

verarbeitenden Industrie, da die Aufwertung des Rubels einen Anstieg der Produktionskosten mit sich bringt. So erreichen die Exporte von Maschinen nicht einmal mehr 6 Prozent der russischen Gesamtexporte. Abgesehen von seinen Naturressourcen und der Metallurgie - mit Einschränkung auch der Rüstungsindustrie[203] - zeigt sich Russland insgesamt nur wenig konkurrenzfähig auf dem Weltmarkt.[204] Die unausgewogene, durch die Energie- und Rohstoffwirtschaft dominierte russische Wirtschaftsstruktur beschränkt die Möglichkeiten einer nachhaltigen wirtschaftlichen Entwicklung. Wie vergleichende Studien zeigen, weisen Länder, die konkurrenzfähige Produkte mit einem hohen Veredlungsgrad hervorbringen und im intra-industriellen Handel eingebundenen sind, ein wesentlich günstigeres Wachstumspotential auf. Die Diversifizierung der russischen Wirtschaft bildet daher die Grundvoraussetzung für ein auch künftig hohes Wachstum. Eine breitere Wirtschaftsbasis verringert die Abhängigkeit von den Preisentwicklungen auf den internationalen Rohstoffmärkten und bietet zudem eine Basis für mehr Beschäftigung. Denn die Notwendigkeit zur Diversifikation der russischen Wirtschaft lässt sich nicht zuletzt auch daran ermessen, dass die Zahl der Beschäftigten im Erdgas- und Erdölsektor, der etwa 30 Prozent des BIP erwirtschaftet, nicht einmal ein Prozent der Berufstätigen Russlands entspricht (Stand 2002).[205]

Russland bietet in vielerlei Hinsicht gute Voraussetzungen für eine wirtschaftliche Diversifizierung. Besonders die Größe des rus-

---

203 Die Rüstungsindustrie ist besonders auf den Export orientiert. Russische Rüstungsgüter stellen häufig die günstigere Alternative zu den Produkten anderer Anbieter dar. Auch unterliegt der russische Waffenexport geringeren Beschränkungen als in anderen Ländern. Der Sektor leidet unter enormen Strukturproblemen, weshalb auch ihm einschneidende Restrukturierungsmaßnahmen bevorstehen. Seit Putins Amtsantritt stiegen jedoch sowohl Produktion als auch Exporte, gleichzeitig nahmen die staatlichen Zuwendungen für Forschung und Entwicklung zu, vgl. Julian Cooper (SIPRI), S. 431. Russland belegt mit einem Anteil von 31 Prozent den ersten Rang bei den weltweiten Rüstungsexporten, gefolgt von den USA mit einem Anteil von 30 Prozent (2001-2005), vgl. Human Development Report 2006, http://hdr.undp.org/hdr2006/statistics/indicators /215.html (10.01.07). Der Anteil der Rüstungsexporte an den Gesamtexporten wird auf rund 5 Prozent geschätzt (offizielle Statistiken sind nicht verfügbar), vgl. Ahrens, S. 17.

204 Vgl. World Bank: Russian Economic Report, December 2006, S. 6.

205 Vgl. World Bank: From Transition to Development, S. 72.

sischen Binnenmarktes oder auch das beträchtliche Potential des Humankapitals spielen hierbei eine entscheidende Rolle. Um eine Diversifizierung der Wirtschaft zu erreichen, kommt es darauf an, moderne, d.h. wettbewerbsfähige Industrien außerhalb des profitablen Rohstoffsektors aufzubauen. Aufgrund seiner bereits relativ hohen Arbeitskosten ist Russland gezwungen, sich unmittelbar auf Industrien zu spezialisieren, die eine hohe Wertschöpfung beinhalten. Dies unterscheidet Russland von dem asiatischen Entwicklungspfad, wie ihn Japan, Südkorea oder China einschlugen, der auf der Basis niedriger Lohnkosten zunächst auf die Fertigung arbeitsintensiver Produkte setzte, um sich auf diesem Weg Wettbewerbsvorteile auf den Weltmärkten zu verschaffen. Russland ist zum Aufbau seiner Industrien insbesondere auf den Technologietransfer angewiesen, weshalb eine weitere Integration des Landes in die Weltwirtschaft unerlässlich ist. Der baldige Beitritt des Landes zur WTO könnte dazu einen wichtigen Beitrag leisten.[206]

Präsident Putin bekräftigte in der Botschaft an die Föderalversammlung des Jahres 2006 die Notwendigkeit zur Förderung des Aufbaus einer modernen und innovativen Wirtschaft und stellte dabei einige Industriesektoren heraus, welche nach offizieller Meinung ein besonders hohes Entwicklungspotenzial in Russland besitzen:

> "We have to take concrete steps to change the situation. We must take serious measures to encourage investment in production, infrastructure and innovative development while at the same time maintaining the financial stability we have achieved. Russia must realise its full potential in high-tech sectors such as modern energy technology, transport and communications, space and aircraft building. Our country must become a major exporter of intellectual services.
>
> Of course, we hope for increased entrepreneurial initiative in all sectors of the economy and we will ensure all the necessary conditions for this to happen. But a real leap forward in the areas that I just mentioned, all areas in which our country has traditionally been strong, gives us the opportunity to use them as an engine of growth. This is a real opportunity to change the structure of our entire

206 Vgl. World Bank: Russian Economic Report, December 2006, S. 11f.

economy and establish for ourselves a worthy place in the international division of labour."[207]

Dass sich die russische Regierung zunehmend mit der Frage der Strukturverbesserung der Ökonomie beschäftigt, zeigen auch die Initiativen des Ministeriums für wirtschaftliche Entwicklung und Handel, welches ein Paket neuer Gesetze und Gesetzesänderungen vorbereitet hat. Diese sollen besonders durch die Schaffung ökonomischer Anreize dazu beitragen, die wirtschaftlichen Aktivitäten in der verarbeitenden Industrie zu stimulieren, was vor allem für Investitionen in innovative Unternehmungen gilt. Die Maßnahmen sehen unter anderem Steuervergünstigungen für Investitionen wie etwa spezielle Abschreibungsmöglichkeiten vor sowie eine verstärkte finanzielle Unterstützung vonseiten des Staates für die Forschungs- und Entwicklungsarbeit. Darüber hinaus soll der Import von modernen Ausrüstungen und Industrieanlagen gefördert werden. Auch die Gründung einer staatlichen Entwicklungsbank ist dahingehend geplant, die Ein- und Ausfuhrkredite sowie Bürgschaften zur Verfügung stellt. Vorgesehen sind weiterhin spezielle Wirtschaftszonen und staatliche *venture funds*.[208] Dieses Vorhaben bedeutet auch eine Abkehr von der bisherigen Wirtschaftspolitik, welche - im Sinne der klassischen liberalen Ökonomie - die Aufgabe des Staates primär nur in der Schaffung einer institutionellen Grundlage für das unternehmerische Handeln sah. Der jetzigen Strategie, die sowohl eine sektorale als auch regionale staatliche Förderung zum Ziel hat, liegt die Erkenntnis zugrunde, dass, wenn man den Wirkungskräften des Marktes weiterhin uneingeschränkt freien Lauf lassen würde, das Land zunehmend in die Ressourcenabhängigkeit abdriftet.[209]

Der russische Staat reagiert damit auf die vergleichsweise niedrige Investitionsrate in Russland, die bei den sich schnell entwickelnden Volkswirtschaften bei 25 Prozent und höher liegt. In Russland betrug dagegen der Anteil der Investitionen am BIP 2005 nur etwa 18 Prozent. Allerdings konnten die Investitionen gegenüber dem Vorjahr um 10,5 Prozent gesteigert werden.[210] Die

---

207 Putin: Botschaft an die Föderalversammlung der Russischen Föderation, Moskau, 10.05.2006.

208 Vgl. World Bank: Russian Economic Report, December 2006, S. 11.

209 Vgl. ebd., S. 13

210 Es wurde geschätzt, dass das russische Wirtschaftswachstum auf einem Stand von 2 bis 3 Prozent stagnieren wird, falls die Investitionsrate bei unter 20 Prozent bleibt und sich die äußeren Verhältnisse (zum

Zahlen für das Gesamtjahr 2006 stehen noch aus, es kann aber davon ausgegangen werden, dass die Investitionsrate für 2006 um die 20 Prozent liegt.[211] Die gegenwärtige Investitionsquote ist damit noch weit davon entfernt, ein nachhaltig hohes Wirtschaftswachstum für Russland gewährleisten zu können, welches erforderlich ist, um den wirtschaftlichen „*Catch-up*-Prozess" des Landes nicht zu gefährden.

Entscheidend ist nicht nur die Investitionsrate, sondern vor allem auch die Richtung, in die die Investitionen fließen. In Russland gehen die Investitionen vorrangig in die Bereiche Energie, Transport, Immobilien und Dienstleistungen. Nur im geringen Umfang werden Investitionen in die verarbeitende Industrie getätigt. Die geplanten Maßnahmen des Staates sollen dabei helfen, Investitionen verstärkt in bisher weniger lukrative Wirtschaftszweige umzulenken. Da Russland letztendlich selbst über ausreichende finanzielle Mittel verfügt, braucht es weniger Nettokapitalimporte als vielmehr die für einen Technologietransfer bedeutsamen ausländischen Direktinvestitionen.[212] In den ersten 9 Monaten 2006 stiegen sie um geschätzte 55 Prozent. Die hohen Profite des Erdölsektors, der starke Rubel und der boomende Inlandsmarkt sind Faktoren, welche ein verstärktes Engagement der privaten Investoren begünstigten.[213] Diese Investitionen konzentrieren sich daher auch - dem allgemeinen Trend entsprechend - vor allem auf die Erdölindustrie und die weniger kapitalintensiven konsumorientierten Sektoren. In die verarbeitende Industrie gehen dagegen nur 17 Prozent dieser Investitionen.[214]

Während der russische Staat allgemein ausländische Investitionen begrüßt und fördert, möchte er Beteiligungen von Ausländern an den von ihm als strategisch eingestuften Unternehmen massiv einschränken. Erstmals im Oktober 2006 hat die russische Regierung jene strategisch wichtigen Wirtschaftsbranchen öffentlich benannt, in die ausländische Investoren nur mit staatlicher Genehmigung einsteigen dürfen. Demzufolge sollen Beschränkungen für die Rüstungs- und Raumfahrtindustrie, den Flugzeug-

---

Beispiel ein dauerhafter Anstieg der Erdölpreise) nicht verbessern, vgl. Sutela (2005), S. 45f.

211 Für den Zeitraum Januar bis Oktober wurde ein Zuwachs bei den Investitionen von 12,6 Prozent ermittelt, vgl. World Bank: Russian Economic Report, December 2006, S. 4.

212 Vgl. Sutela (2005), S. 48.

213 Vgl. World Bank: Russian Economic Report, December 2006, S. 4.

214 Vgl. ebd., S. 21.

und Spezialanlagenbau, die Atomindustrie, die Rohstoffindustrie sowie für Monopole von gesamtstaatlicher Bedeutung gelten. Die Beteiligungen an den als strategisch eingestuften Unternehmen dürfen grundsätzlich maximal 50 Prozent betragen.[215] Auch in anderen Ländern unterliegen bestimmte Industrien der staatlichen Obhut; das Problematische für die russische Wirtschaft besteht jedoch darin, dass Industrien von gesamtwirtschaftlicher Bedeutung, wie der Rohstoff- und Energiesektor, angesichts des hohen Bedarfs an ausländischen Technologien wahrscheinlich in ihrer Entwicklung gebremst werden.

Für Russland kommt es zudem darauf an, ob es dem Land gelingt, den Sektor der kleinen und mittleren Unternehmen (KMU) zu vergrößern. Denn es sind gerade die kleineren Unternehmen, die sich weltweit als besonders innovativ erweisen.[216] In Russland kommt dem KMU-Sektor jedoch nur ein Bruchteil der Bedeutung zu, die er etwa in den EU-Ländern besitzt. Nur rund 25 Prozent aller Beschäftigten sind in ihm tätig.[217] Dies ist auch eine Folge der sowjetischen Wirtschaftspolitik, die primär auf große Industriekonglomerate setzte. Im heutigen Russland wird seine Entwicklung vor allem durch hohe administrative Barrieren und ungenügende Finanzierungsmöglichkeiten beschränkt.[218] Die Vergabe von Krediten durch die noch zu gründende russische Entwicklungsbank und die Breitstellung von Risikokapital in Form von *venture funds* sowie weitere administrative Reformen können als wesentliche Schritte zur Förderung dieses Sektors gelten.

Die grundlegendste Aufgabe der russischen Regierung bleibt der Aufbau und die Festigung der für eine Marktwirtschaft notwendigen institutionellen Rahmenbedingungen. Das gilt insbesondere für die Gewährleistung von Eigentumsrechten, einschließlich des geistigen Eigentums. Ebenso bedarf es einer effizienten Bürokratie, die, frei jeglicher Willkür, sich ausschließlich an den Grundsätzen der Rechtstaatlichkeit orientiert. Ein freier Wettbewerb fördert Investitionen und die Innovationstätigkeit der Un-

---

215 Vgl. Frankfurter Allgemeine Zeitung, 16.10.2006. Bereits am 04. August 2004 bestätigte Putin eine Liste von 1053 strategisch bedeutsamen Unternehmen, die ganz oder teilweise unter staatlicher Kontrolle bleiben müssen, vgl. Ukaz Nr. 1009 „Perecen' strategičeskich predprijatij i strategičeskich akcionernych obšestv". http://www.kremlin.ru/text/docs/2004/08/75174.shtml (21.01.07).

216 Vgl. World Bank: Russian Economic Report, December 2006, S. 14.

217 Vgl. ebd. S. 17.

218 Vgl. Sutela (2005), S. 44ff.

ternehmen. Der russische Staat muss deshalb daran interessiert sein, die monopolistischen Strukturen abzubauen, besonders vor dem Hintergrund der zahlreichen in staatlichem Besitz befindlichen Monopolbetriebe. Innovations- und investitionsschädlich wirkt sich nicht zuletzt auch die hohe Korruption in Russland aus, bei der das Land im internationalen Vergleich die hintersten Plätze belegt.[219]

In Hinsicht auf die ökonomische Entwicklung als kritisch zu beurteilen ist der tendenziell wachsende Zugriff des Staates auf die Wirtschaft. Denn er steht im Gegensatz zu dem Ziel einer innovativen und effektiven Wirtschaft. Die sich unter dem jetzigen Präsidenten vollziehende Zentralisierung staatlicher Gewalt trägt zwar in einem gewissen Umfang zur Einigung des russischen Wirtschaftsraumes bei, nachdem die Regionen in den 1990er Jahre auseinandergestrebt waren. Jedoch ist das Land zu groß und zu vielfältig, um es allein von Moskau aus wirtschaftlich zu führen. Der Regierung fehlt es an den nötigen Informationen, um eine an den regionalen Bedingungen ausgerichtete Wirtschaftspolitik zu betreiben. Die Verlagerung von staatlichen Kompetenzen auf die regionalen Ebenen ist daher notwendig, um die wirtschaftliche Entwicklung des Landes zu gewährleisten.[220]

1.4.2 Monetäre Stabilität: Wechselkurs und Inflation

Der enorme Zufluss von Devisen aus dem Erdölexport in die Wirtschaft bewirkt eine Aufwertung des Rubels und heizt darüber hinaus die Inflation an. Der seit 2004 bestehende Stabilitätsfonds soll dazu beitragen, diese ökonomisch unerwünschten Effekte zu reduzieren, indem der „Übergewinn" aus dem Ölgeschäft durch den Staat in Form von Steuern abgeschöpft und in diesen Fonds überführt wird. Eine weitere Funktion des Stabilisationsfonds besteht darin, durch die Schaffung einer „Finanzreserve" die Verwundbarkeit des Staates gegenüber einem abrupten Absinken des Weltmarktpreises für Erdöl zu mindern. In den Fonds fließen die Einnahmen aus der Steuer auf die Erdölförderung[221] und jene aus dem Exportzoll auf Erdöl[222], die oberhalb des

219 Vgl. World Bank: Russian Economic Report, December 2006, S. 12ff; Höhmann, S. 23; Transparency International.

220 Vgl. World Bank: Russian Economic Report, December 2006, S. 17.

221 Die Steuer (mineral extraction tax) wird auf die geförderte Menge an Öl in Abhängigkeit vom Ölpreis erhoben. Sie beträgt 22 Prozent, wenn

staatlich festgelegten Referenzpreises für Erdöl der Marke „*Urals*" von derzeit 27 US-Dollar pro barrel erzielt wurden. Außerdem werden dem Fonds am Ende des Jahres die Budgetüberschüsse übertragen. Der effektive Grenzsteuersatz für den Erdölexport liegt gegenwärtig bei etwa 90 Prozent.[223] Neue Pläne sehen vor, in dem Fonds künftig auch die staatlichen Einnahmen aus dem Erdgasgeschäft zu akkumulieren.[224] Das Einlagevolumen des Fonds betrug im November 2006 83,2 Milliarden US-Dollar.

Die Einlagen des Fonds wurden bis Mitte 2006 ausschließlich in Rubel bei der Russischen Zentralbank geführt. Insbesondere die Befürchtungen von staatlicher Seite, im Ausland verwahrte russische Guthaben könnten im Zuge juristischer Dispute eingefroren werden, verzögerten eine Anlage im Ausland. Aufgrund der angestrebten Diversifizierung des Fonds wird ein Teil des Vermögens nunmehr in Fremdwährungen angelegt. Unter der Voraussetzung, dass das Fondsvermögen auch zukünftig stark zunimmt, wäre Russland mittelfristig in der Lage, die erzielten Gewinne aufzuwenden, ohne dass die Substanz der staatlichen Reserve angegriffen wird.[225]

Entsprechend der gesetzlichen Regelung dient das Fondsvermögen in erster Linie dem Ausgleich eines staatlichen Haushaltsdefizits, jedoch nur, wenn die Preise für Erdöl unter den Referenzpreis sinken. Übersteigt der Bestand des Fonds die Marke von 500 Milliarden Rubel, kann der „Überhang" zudem für den Abbau von Schulden genutzt werden, eine Möglichkeit, von der bereits Gebrauch gemacht wurde. Gelder aus dem Fonds flossen darüber hinaus an den defizitären Pensionsfonds.[226] Angesichts einer Vielzahl sozialer und ökonomischer Probleme ist die Verwendung des Fonds Gegenstand politischer Kontroversen. In regelmäßigen Abständen werden Rufe nach einer intensiven Nutzung des Vermögens laut. Vor einer Erhöhung der Staatsausgaben warnt besonders der russische Finanzminister, da dies die wirtschaftliche Entwicklung des Landes über kurz oder lang massiv beinträchti-

---

der Ölpreis 9 USD pro barrel übersteigt. Vgl. IMF: Country Report, 06/430, S. 14.

222 Der Exportzoll wird bei einem Ölpreis von über 15 USD pro barrel (progressiv) erhoben. Übersteigt der Ölpreis 25 USD pro barrel, beträgt der Exportzoll 65 Prozent, vgl. ebd.

223 Vgl. Juurikkala und Ollus, S. 7f.

224 Vgl. BOFIT: Russia Review, 11/2006, S.2.

225 Vgl. World Bank: Russian Economic Report, April 2006, S. 13f.

226 Vgl. IMF: Country Report, 06/430, S. 15.

gen würde.[227] Trotz aller Versuchungen hat die politische Führung es aber bisher vermieden, die „Petrodollar" im großen Rahmen zu nutzen.[228]

Vor dem Hintergrund der nur äußerst begrenzten Absorptionsfähigkeit der russischen Wirtschaft hat sich der Stabilitätsfonds als das Hauptinstrument zur Neutralisierung der gewaltigen Devisenzuflüsse erwiesen.[229] Im Rahmen ihrer Geldpolitik, beispielsweise in Form von Interventionen auf dem Währungsmarkt, versucht die Russische Zentralbank, den Wechselkurs des Rubels vor einer zu starken Aufwertung zu bewahren. Diese Zielsetzung steht jedoch im Konflikt mit der Maßgabe, die Inflation auf 4,5 bis 5 Prozent pro Jahr zu senken.[230] Die russische Geldpolitik ist daher permanent auf einen Ausgleich zwischen beiden Zielen bedacht. So ließ die Russische Zentralbank 2006 eine leichte Aufwertung des Wechselkurses zu, um den Inflationsdruck zu reduzieren.[231] Die Inflationsrate ist allerdings trotz bedeutender Erfolge mit 9,1 Prozent noch immer zu hoch.

---

227 Vgl. The Moscow Times, 15.06.2006.

228 Vgl. OECD (FN 172).

229 In der Vergangenheit war es bemerkenswerterweise vor allem die Kapitalflucht, die eine zu starke Aufwertung des Rubels verhinderte, vgl. Cordonnier.

230 OECD (FN 172).

231 Vgl. World Bank: Russian Economic Report, December 2006, S. 7.

Diagramm 3: Inflationsrate (Verbraucherpreise)

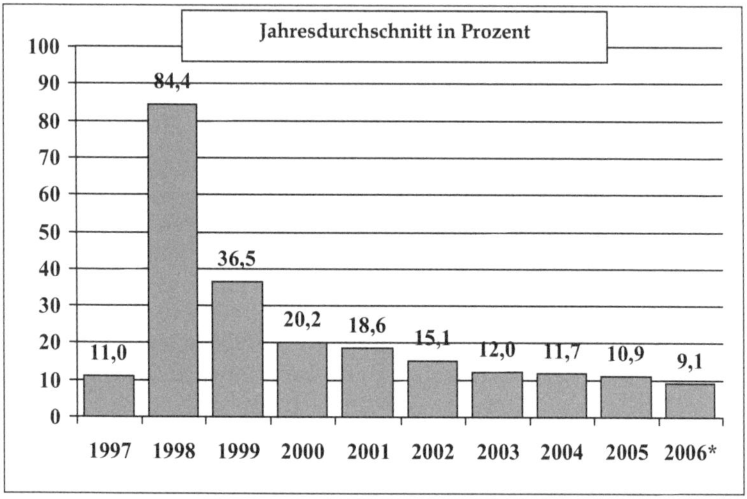

Quelle: BOFIT Russia Review 12/2006, S. 3, * Monat 11/2006.

1.4.3 Die Entwicklung des Humankapitals

Das Wachstum und die Wettbewerbsfähigkeit einer Ökonomie werden im hohen Maße durch das Humankapital des jeweiligen Landes bestimmt. Angesichts des von Russland angestrebten Aufbaus einer innovativen Wirtschaft und der bereits relativ hohen Lohnkosten kommt diesem Faktor eine besondere Bedeutung zu. Russland besitzt ein im internationalen Vergleich hohes Bildungsniveau und eine gute wissenschaftliche Basis. Unter den gegebenen demografischen Bedingungen kann der Bedarf an qualifizierten und produktiven Arbeitskräften jedoch zukünftig nicht mehr im erforderlichen Umfang gedeckt werden. Bereits heute ist der Mangel an geeigneten Arbeitskräften in einigen Bereichen der Wirtschaft spürbar. Die gegenwärtigen Arbeitslosen kommen für einen Ausgleich des Defizits aus Gründen der Qualitäts- und Regionalstruktur auch nur bedingt infrage,[232] weshalb Russland verstärkt auf eine externe Migration angewiesen sein wird.

Die demografische Entwicklung stellt insgesamt eine große Herausforderung für Russland dar. Präsident Putin bezeichnet sie gar

232 Vgl. Höhmann, S. 26.

als das *„dringendste Problem des heutigen Russlands"*[233]. In Russland führen eine abnehmende Geburtenrate und eine vor allem in den mittleren Jahrgängen extrem hohe Sterblichkeit zu einer Überalterung der Bevölkerung und zu deren stetigem Rückgang. Besonders auffällig ist die Sterberate der männlichen Bevölkerung zwischen 15 und 60 Jahren, die in Russland mit 42 Prozent dreimal so hoch ist wie in westlichen Ländern. Anders ausgedrückt: Weniger als 6 von 10 männlichen Fünfzehnjährigen können erwarten, dass sie älter als 60 Jahre werden. Gegenwärtig verringert sich die (registrierte) Einwohnerzahl jährlich um rund 700.000 Menschen.[234] Es wird davon ausgegangen, dass die russische Bevölkerung in den nächsten 50 Jahren um bis zu 30 Prozent abnehmen wird.[235]

Tabelle 7: Lebenserwartung und Erwachsenensterblichkeit in ausgewählten Ländern (2000-2001)

Land	Lebenserwartung bei Geburt (2001)	Sterbenswahrscheinlichkeit im Alter zwischen 15 und 60 Jahren in % (2000-2001)	
		Männer	Frauen
Russland	66	42,4	15,3
Japan	81	9,8	4,4
Frankreich	79	13,7	5,7
USA	78	14,1	8,2
Deutschland	78	12,6	6,0
Großbritannien	77	10,9	6,6
Dänemark	77	12,9	8,1
Mexiko	73	18,0	10,1
Polen	70	22,8	8,8
Türkei	70	21,8	12,0
Brasilien	68	25,9	13,6
Kirgisien	66	33,5	29,9

Quelle: World Bank: Dying too Young, S. 9.

Die Gründe für die hohe Sterblichkeitsrate liegen insbesondere in der tendenziell ungesunden Lebensführung, was in erster Linie

233 Putin: Botschaft an die Föderalversammlung der Russischen Föderation, Moskau, 10.05.2006.

234 Vgl. Federal'naja sluzhba gosudarstvennoj statistiki, S. 72. Entwicklung der Bevölkerungszahl in den letzten Jahren: 2003: 145,0 / 2004: 144,2 / 2005: 143,5 / 2006: 142,8 (in Mio.), vgl. ebd.

235 Vgl. World Bank: Dying too Young, Executive Summary, S. XIII.

für den hohen Alkohol- und Tabakkonsum gilt. Vor allem bei den Männern spielt der Faktor Alkohol eine große Rolle. Er ist zu einem erheblichen Teil für die niedrige Lebenserwartung der männlichen Bevölkerung verantwortlich, die gegenwärtig bei 59 Jahren liegt. Die Lebenserwartung der russischen Frauen beträgt im Vergleich dazu 72 Jahre.

Weitere Gründe, die sich negativ auf die Lebenserwartung auswirken, sind etwa die allgemein mangelhaften Sicherheitsstandards oder der für weite Teile der Bevölkerung äußerst beschränkte Zugang zu einer qualitativ guten medizinischen Versorgung. Die schnelle Verbreitung von Tuberkulose und HIV trägt zusätzlich zu einer Verschlechterung der Situation in Russland bei.[236]

Der demografische Trend in Russland wird somit nicht nur soziale Probleme aufwerfen, sondern er stellt gleichzeitig auch eine ernste Bedrohung für die wirtschaftliche Entwicklung des Landes dar. Denn vor allem der Anteil der Bevölkerung im arbeitsfähigen Alter wird stark zurückgehen. Aufgrund der Russland bevorstehenden demografischen Krise ist eine Öffnung des Landes für Immigranten unabdingbar. Das vorrangige Ziel der Einwanderungspolitik bildet momentan die Rückkehr der „Auslandsrussen", also jener Russen, die in den Nachfolgestaaten der Sowjetunion leben. Nach Meinung von Experten benötigt Russland künftig allerdings gut eine Million Immigranten jährlich, um das Defizit an Arbeitskräften ausgleichen zu können.[237] Die russische Regierung arbeitet daher gegenwärtig an den rechtlichen Rahmenbedingungen für eine Liberalisierung der russischen Einwanderungspolitik.[238]

Der russische Staat versucht zudem durch eine verstärkte Förderung von Familien und durch die Verbesserung des Gesundheitswesens das demografische Problem abzuschwächen. Unter anderem wurden von der Regierung die nationalen Projekte für Wohnungsbau und Gesundheit ins Leben gerufen. Ein weiteres

---

236 Vgl. World Bank: Russian Economic Report, April 2006, S. 19ff.

237 Vgl. ebd., S. 21.

238 Ausländische Arbeitskräfte spielen schon jetzt eine wichtige Rolle in der russischen Wirtschaft. Ihre Beschäftigung in Russland ist allerdings zumeist illegal, vgl. World Bank: Russian Economic Report, December 2006, S. 11.

nationales Projekt betrifft den Bereich der Bildung.[239] Das russische Bildungssystem wird allgemein als inadäquat für die heutigen Erfordernisse der russischen Wirtschaft angesehen.[240] Es ist gegenwärtig nicht in der Lage, die Qualität des Arbeitspotentials nachhaltig anzuheben.[241] Umfangreiche Investitionen sollen daher die Modernisierung des Bildungssektors sicherstellen. Die Maßnahmen des Staates konzentrieren sich dabei vor allem auf die Umgestaltung der Hochschulausbildung, um diese an den neuen Gegebenheiten und Zielen auszurichten.

Insgesamt wird die nötige quantitative und qualitative Versorgung der russischen Wirtschaft mit Arbeitskräften von drei entscheidenden Faktoren abhängen: der Verbesserung der Lebensbedingungen der Bevölkerung, einer entsprechenden Einwanderungspolitik und der Modernisierung des Bildungs und Qualifikationswesens. Das bedeutet, dass die soziale mit der ökonomischen Entwicklung des Landes Hand in Hand gehen muss.

1.4.4 Investitionen in den Energiesektor

Damit das hohe Wirtschaftswachstum aufrechterhalten werden kann, muss Russland in der Lage sein, das Wachstum bei den Exporten zu erhöhen. Die Notwendigkeit dafür ergibt sich vor allem aus den stark steigenden Importen. Die zunehmenden Investitionen und der steigende Lebensstandard der Bevölkerung werden dazu beitragen, dass sich die Einfuhren weiter erhöhen. In den letzten Jahren waren es vor allem Energierohstoffe und energieintensive Produkte wie Stahl, Aluminium, Nickel und Düngemittel, die für ein Wachstum bei den Exporten sorgten.

Auch falls sich in naher Zukunft Erfolge bei der Diversifizierung der Produktions- und Exportstruktur einstellen sollten, wird sich an der Rohstofflastigkeit der russischen Wirtschaft auf längere Sicht nichts ändern. Russland ist daher, um ein anhaltend hohes Exportwachstum sicherzustellen, zu einem Großteil auf eine Stei-

---

239 Insgesamt gibt es vier so genannte nationale Projekte - Gesundheit, Bildung, Wohnungsbau und Landwirtschaft. Den mit 54 Prozent größten Anteil am Budget von 382 Milliarden Rubel (für die Jahre 2006-2007) hat der Bereich Gesundheit, vgl. ebd., S. 11.

240 Vgl. World Bank: Russian Economic Report, December 2006, S. 23.

241 Vgl. Höhmann, S. 27.

gerung seiner Rohstoffexporte - in erster Linie der Energierohstoffe - angewiesen.[242]

Es wird davon ausgegangen, dass die Erdölförderung noch etwa 10 Jahre gesteigert werden kann.[243] Was die längerfristigen Aussichten des Sektors anbelangt, so wird viel davon abhängen, inwieweit notwendige Investitionen in Förderanlagen und die Erkundung und Erschließung neuer Ölfelder getätigt werden. Bisher waren die Erdölunternehmen in dieser Hinsicht eher zurückhaltend.[244] Russland weist ein vergleichsweise hohes Verhältnis von Förderung zu Reserven auf. So verbraucht Russland gegenwärtig pro Jahr rund 4,5 Prozent seiner Reserven.[245] Das bedeutet, dass auf der Grundlage dieser Produktionsrate die russischen Erdölreserven in etwa 22 Jahren zuneige gehen.[246] Die tatsächlichen Vorkommen werden jedoch als bedeutend höher geschätzt, auch weil seit dem Ende der Sowjetunion praktisch keine neuen geologischen Erkundungen vorgenommen wurden.[247] Da die Exploration sehr teuer ist, wird nur in dem Umfang exploriert, wie es zur Sicherstellung der Förderung innerhalb eines bestimmten Zeitraums notwendig ist.[248]

Da die Erdölförderung in den bisherigen Erdöl-Großfeldern abnehmen wird, sind Investitionen in die Erschließung neuer Lagerstätten zwingend erforderlich.[249] Diese liegen vor allem in Sibirien und dem Fernen Osten Russlands. Die extremen klimatischen Verhältnisse und das tendenziell tiefer lagernde Erdöl in diesen Regionen verlangen erhebliche Investitionsaufwendungen von den Erdölgesellschaften.[250] Nicht nur, um die Kapazitäten der

---

242 Vgl. Ahrend, S. 21f.

243 Vgl. Clement (2005), S. 28.

244 Vgl. Juurikkala und Ollus, S. 9.

245 Russland fördert ähnlich viel Erdöl wie Saudi-Arabien, das mit 22 Prozent (Russland 6,2 Prozent) die größten Ölreserven der Welt besitzt und jährlich nur etwa 1,5 Prozent seiner Reserven fördert, vgl. ebd.

246 Vgl. Tabelle 1.

247 Vgl. Juurikkala und Ollus, S. 9.

248 Vgl. Götz (2005), S. 9.

249 Vgl. Höhmann (2005), S. 27.

250 Die Kosten der russischen Erdölförderung sind viel höher als jene der Erdölproduzenten im Nahen Osten, vgl. Cordonnier. Mit der Verlagerung der Erdölförderung in den sibirischen Osten dürften die Kosten noch erheblich zunehmen, weshalb die Erschließung der dort lagern-

Erdölförderung zu erhöhen, sondern auch, um die bisherige Förderleistung überhaupt halten zu können, bedarf der russische Erdölsektor einer umfassenden Modernisierung seiner technischen Anlagen.[251] Der vorwiegende Teil der Fördertechnik stammt noch aus Sowjetzeiten und ist bis zu 30 Jahre alt. Russland selbst beziffert die Höhe der erforderlichen Investitionen für den Zeitraum 2000 bis 2020 auf gut 230 bis 240 Milliarden US-Dollar oder etwa 12 Milliarden US-Dollar jährlich.[252] Dass bisher weit reichende Investitionen ausblieben, liegt einerseits an der kräftig gestiegenen Besteuerung des Sektors; andererseits ist dies aber vor allem der eher ungenügenden Rechtssicherheit für die privaten Erdölgesellschaften geschuldet, welche den Großteil der russischen Erdölunternehmen bilden. Das politisch motivierte Vorgehen gegen den Jukos-Konzern und dessen Vorstandsvorsitzenden Michail Chodorkowskij demonstrierte diesen Firmen deutlich, dass der Staat jegliche Mittel einsetzen würde, um seine Interessen durchzusetzen.[253]

Die russischen Bodenschätze sind im Staatseigentum, für ihre Nutzung vergibt der Staat zeitlich befristete Lizenzen. D.h. er allein entscheidet darüber, wer wo und wie lange Erdöl fördern darf. Der russische Erdölsektor wird von privaten Unternehmen dominiert, die Anfang der 1990er Jahre aus der ehemaligen staatlichen Wirtschaftsverwaltung hervorgingen. Er unterscheidet sich damit wesentlich von der in Staatsbesitz befindlichen Erdölwirtschaft in den OPEC-Ländern. Der russische Staat verfügt allerdings durch die staatseigene Firma Transneft über das Monopol am Pipelinenetz. Mit der Übernahme der größten Produktionsfirma von Jukos, Juganskneftegas, durch Rosneft und dem Erwerb von Sibneft durch Gazprom erhöhte sich der staatliche Einfluss in der Erdölwirtschaft von 5 Prozent im Jahre 2004 auf 26 Prozent der russischen Erdölproduktion.[254] An Gazprom wie an Rosneft hält der Staat die Anteilsmehrheit. Fraglich bleibt, wie sich der gestiegene staatliche Einfluss auf den Sektor auswirken wird. Die bisherige Erfahrung zeigt jedenfalls, dass die als intransparent geltenden Staatsunternehmen in puncto Effizienz und Förderleis-

---

den Ölvorkommen nicht zuletzt auch über die Entwicklung des Erdölpreises entschieden werden wird.

251 Vgl. Juurikkala und Ollus, S. 9.

252 Vgl. Götz (2004), S. 97.

253 Vgl. Juurikkala und Ollus, S. 9.

254 Vgl. Forschungsstelle Osteuropa, Nr. 97/06, S. 9; Götz (2006/02), S. 3.

tung mit den privaten Firmen nicht konkurrieren können.[255] Im Zeitraum der Jahre 2001 bis 2004 waren es fast ausschließlich private Erdölunternehmen, die die Förderung zu steigern halfen und damit entschieden zum Wachstum der Exporte beitrugen.[256] Mit der Eingliederung des Jukos-Hauptbetriebs in das staatliche Unternehmen Rosneft ließ auch die Förderleistung der ehemals privaten Produktionsfirma nach.[257] Es wird zu sehen sein, ob sie die alte Förderleistung unter der neuen Leitung wieder erreichen kann.

Der russische Staat betrachtet den „Brennstoff- und Energiekomplex"[258] als für sich von strategischer Bedeutung, weshalb er auch die Beteiligung ausländischer Gesellschaften an russischen Erdölunternehmen einschränkt. Dadurch soll sichergestellt werden, dass die Interessen des Staates in diesem Sektor ihre nötige Berücksichtigung finden. Der Staat ist sich jedoch bewusst, dass nur wenige russische Unternehmen über das entsprechende Kapital und *know-how* verfügen, um das hohe Niveau der Erdölproduktion auch langfristig zu gewährleisten. Er billigt daher im begrenzten Umfang den Einbezug ausländischer Unternehmen in die Ausbeutung seiner Ölvorkommen.[259] Was der Staat ausländischen Unternehmen aber keinesfalls zugestehen möchte, sind Mehrheitsbeteiligungen an russischen Erdölgesellschaften. Das zeigt auch der verhinderte Verkauf von Jukos an westliche Erdölfirmen.[260] Die spätere Zerschlagung des Jukos-Konzerns hat Zweifel an der Sicherheit von Investitionen genährt, ohne allerdings – wie die Statistiken zeigen – das Investitionsklima nachhaltig negativ zu beeinflussen. Gleichwohl wird insbesondere von der weiteren Vorgehensweise des Staates die künftige Investitionsbereitschaft aus- und inländischer Firmen abhängen.

Im Gegensatz zum Erdölsektor ist die russische Erdgaswirtschaft fast gänzlich unter staatlicher Kontrolle. Der größte Erdgasproduzent ist die halbstaatliche Gazprom, auf die etwa 87 Prozent der russischen Erdgasförderung entfallen. Daneben fördern Erdölun-

---

255 Vgl. Sutela (2005), S. 36.

256 Vgl. Ahrend, S. 19.

257 Vgl. Götz (2006/06), S. 1.

258 Dieser Begriff stammt noch aus der Planwirtschaft, als die gesamte Wirtschaft in Komplexe eingeteilt war, vgl. Götz (2004), S. 89.

259 Vgl. Juurikkala und Ollus, S. 10.

260 Vgl. Götz (2006/06), S. 6.

ternehmen und weitere unabhängige Produzenten Erdgas.[261] Eine Tochtergesellschaft von Gazprom kontrolliert zudem die Hauptpipelines. Gazprom ist daher das einzige Unternehmen, das russisches Erdgas in Länder außerhalb der GUS exportiert.[262] Der Erdgassektor gilt aufgrund seiner monopolistischen Struktur und seines hohen Staatsanteils als hochgradig ineffizient. So wuchs die Erdgasförderung in den letzten Jahren lediglich um etwa 1,5 Prozent pro Jahr. Dafür verantwortlich gemacht werden vor allem auch die ungenügenden Investitionen in den Erdgassektor.[263]

Die Erdgasförderung der Gazprom, die dem Staat als Instrument der Wirtschafts- und Sozialpolitik dient und der die größten Erdgasfelder zugeteilt wurden, wird bis 2020 nur noch wenig zunehmen. Das liegt daran, dass die größten Gasfelder, welche im Norden Westsibiriens liegen, bereits seit Jahrzehnten ausgebeutet werden und sich in der Phase des Förderniedergangs befinden. Auch wenn ab 2010 die großen Lagerstätten auf der Jamal-Halbinsel und in der Barentssee ihre Förderung aufnehmen werden, könnten diese über einen Ausgleich der alten westsibirischen Felder hinaus nur minimale Förderzuwächse erzielen. Dagegen wären die Erdölfirmen und unabhängigen Erdgasproduzenten in der Lage, ihre Förderung ausweiten. Dies würde allerdings voraussetzen, dass die niedrigen Inlandspreise für Erdgas, welche die Förderung unrentabel machen, entsprechend angehoben werden. Unter Einbezug dieser Firmen könnte ein Zuwachs bei der Erdgasförderung zwischen 2005 und 2020 von jährlich 2 Prozent erreicht werden. Gegenwärtig verbrennen Erdölproduzenten vor allem aufgrund mangelnden Zugangs zu Erdgasleitungen noch vielfach das bei der Förderung anfallende Erdgas. Um eine Steigerung seiner Erdgasexporte zu erzielen, ist Russland darüber hinaus auch auf die Erhöhung der Erdgasimporte angewiesen, die es aus Zentralasien bezieht.[264]

Russland verbraucht ungefähr zwei Drittel seiner Erdgasproduktion im Inland.[265] Der hohe Verbrauch ist in erster Linie den niedrigen Inlandspreisen und den veralteten technischen Anlagen ge-

261 Vgl. Forschungsstelle Osteuropa, Nr. 97/06, S. 9. Mit dem Erwerb von Sibneft wurde Gazprom gleichzeitig zum fünftgrößten russischen Erdölproduzenten, vgl. ebd.

262 Vgl. Götz (2006/02), S. 4.

263 Vgl. Ahrend, S. 23.

264 Vgl. Götz (2006/06), S. 6.

265 Vgl. Juurikkala und Ollus, S. 5.

schuldet. In Russland hat sich daher an der Energieintensität und der allgemeinen Energieverschwendung mit dem Ende der Sowjetunion nichts geändert. Laut der 2003 von der russischen Regierung verabschiedeten Energiestrategie könnten rund 39 bis 47 Prozent der verbrauchten Energie eingespart werden, ein Großteil davon bei der Energiewirtschaft selbst.[266] In Russland betragen die Verluste bei der Strom- und Wärmeerzeugung aus Erdgas 60 Prozent. In Westeuropa sind es dagegen höchstens 20 Prozent. Eine Erhöhung der Erdgaspreise würde die Einführung moderner Techniken bewirken, wodurch Russland 40 bis 100 Milliarden Kubikmeter Erdgas pro Jahr einsparen könnte. Das entspräche etwa dem Umfang des gesamten derzeitigen Erdgasexportes nach Europa.[267]

Die wachsende Nachfrage im In- und Ausland, die stagnierende Förderung und die Erschöpfung bestehender Gasfelder bewirken, dass der Staat zunehmend auf die Verringerung des Eigenbedarfs drängt. Erreichen will er dies einerseits durch Preiserhöhungen und andererseits durch die Verwendung „alternativer" Energieressourcen wie Kernkraft und Kohle. Für 2007 plant die russische Regierung die inländischen Gaspreise um 15 Prozent zu erhöhen. Von 2008 bis 2010 sollen die Preise dann jährlich um weitere 25 bis 27 Prozent steigen.[268]

Russland wird auch in Zukunft in hohem Maße auf seine Energieressourcen angewiesen sein. Nach dem Verständnis der russischen Führung sollen sie die Grundlage für die Modernisierung und Diversifizierung der russischen Wirtschaft bilden. Der Erdölsektor wird allerdings auf Dauer nicht die treibende Kraft des Wirtschaftswachstums bleiben können, da von einer Abnahme der Zuwachsraten der russischen Erdölförderung auszugehen ist. Als das Land mit den weltgrößten Gasreserven hätte Russland jedoch die Möglichkeit, dies durch eine Steigerung seiner Erdgasproduktion zu kompensieren. Vieles wird aber davon abhängen, wie der russische Staat seine Politik gegenüber dem Energiesektor gestaltet. Eine verstärkte Kontrolle des Staates über den Sektor würde wahrscheinlich zu Effizienzverlusten, zu mehr *rent-seeking* und einem geringeren Wachstum führen.[269]

---

266 Vgl. Götz (2004), S. 88ff.

267 Vgl. ebd., S. 105.

268 Vgl. World Bank: Russian Economic Report, December 2006, S. 4.

2. Politisches System und Rohstoffreichtum in Russland

Mit der Auflösung der UdSSR war es Russland unter der Führung von Boris Jelzin nunmehr möglich, eigene Entwicklungswege zu gehen. Die Markwirtschaft wurde eingeleitet und mit ihr die Umverteilung des gesellschaftlichen Reichtums. Eine *„Schock-Therapie"* sollte eine Rückkehr zur Planwirtschaft ausschließen. Die Jahre nach der Verabschiedung der neuen Verfassung (1993) standen ganz im Zeichen eines durch den Präsidenten dominierten politischen Systems. Mit dem Wechsel zu Putin trat Russland in eine neue Phase ein. Er straffte die staatlichen Strukturen, was jedoch merklich zu Lasten der demokratischen Prinzipien ging. Begleitet wurde seine Umgestaltung des Landes durch einen kontinuierlichen Anstieg der Rohstoffpreise. Die Wirtschaft wuchs. Dies verschaffte ihm Spielraum für die weitere Konsolidierung „seines" Systems, in deren Folge demokratische Rechte und bürgerliche Freiheiten weiter zugunsten eines „starken" Staates eingeschränkt wurden. Denn, so Putin in einem *Offenen Brief an die russischen Wähler* aus dem Jahre 2000, je stärker der Staat, desto freier der Bürger.[270]

2.1 Jelzin und der Aufstieg der politischen Unternehmer

In seiner Eigenschaft als erster russischer Präsident hat Boris Jelzin das politische System Russlands entscheidend geprägt. Nach Jahrzehnten der Sowjetherrschaft und Planwirtschaft waren es Demokratie und Marktwirtschaft, die nach seiner Überzeugung und der seiner Anhängerschaft aus vorwiegend jungen Reformern für die Zukunft des neuen Russlands bestimmend sein sollten. Der Wille zum Aufbau einer demokratischen Staatsordnung sollte seinen Ausdruck auch in einer neuen russischen Verfassung finden. Zusammen mit den ersten freien Parlamentswahlen wurde im Dezember 1993 im Rahmen eines Plebiszits die neue Verfassung angenommen.[271] Im ersten Kapitel der russischen Verfassung, die sich an westlichen Vorbildern orientiert, werden als Grundprinzipien die Begriffe Demokratie, Föderalismus sowie Rechts- und Sozialstaatlichkeit genannt. Desgleichen wurden hier

269 Vgl. Ahrend, S. 23.

270 Vgl. Eicher und Beichelt, S. 339.

271 Die Zustimmung der Bürger zur neuen Verfassung fiel allerdings äußerst niedrig aus. Bei einer Teilnahme von 55 Prozent der Wahlberechtigten stimmten lediglich 58,4 Prozent für die Annahme der Verfassung, vgl. Mommsen (2004), S. 377.

die Grundsätze der Volkssouveränität, der Gewaltenteilung, die ideologische Vielfalt und der Parteienpluralismus explizit festgeschrieben. Vergleichbar mit den Grundrechten im deutschen Grundgesetz, sind im zweiten Kapitel der russischen Verfassung die „Rechte und Freiheiten des Menschen" verankert. Die Verfassung stellt insofern eine klare Abkehr vom Sowjetsystem dar.[272]

Durch die Verfassung wurde die Position des Präsidenten gegenüber dem Parlament wesentlich gestärkt. Die neue Staatsduma wurde mit deutlich weniger Rechten und einer nur geringen politischen Rolle versehen. Der für vier Jahre gewählte Präsident gilt als der Garant der Verfassung und der Grundrechte. Daneben ist der Präsident der Oberbefehlshaber der Streitkräfte. Seine relative Machtfülle ergibt sich insbesondere aus der Bestimmung, dass er die Richtlinien der Innen- und Außenpolitik festlegt. Das präsidentielle Veto gegen Gesetze kann das Parlament nur durch eine Zweidrittelmehrheit aufheben. Der Präsident verfügt zudem sowohl über das Recht der Gesetzesinitiative als auch das Recht, Dekrete (*ukazy*) zu erlassen. Letzteres allerdings nur solange kein einschlägiges Gesetz vorliegt. Die russische Verfassungsordnung lässt sich insgesamt als ein präsidentiell-parlamentarisches Mischsystem beschreiben.[273]

Die neue Verfassung stellte auch einen persönlichen Sieg für Jelzin über das Parlament dar, waren doch die Anfangsjahre seiner Präsidentschaft durch die „Doppelherrschaft" von Exekutive und Parlament gekennzeichnet. Die Machtkämpfe zwischen ihm und dem Parlament erreichten ihren Höhepunkt im Herbst 1993, als Jelzin per Dekret das Parlament auflöste und auch nicht zögerte, den Widerstand gewaltsam zu brechen.[274] Bereits hier zeigte sich, dass die „demokratische Verklärung"[275] von Beginn seiner Amtszeit zunehmend machtpolitischen Erwägungen wich. Jelzin ließ keinen Zweifel daran aufkommen, dass er die Verfassung im Sinne einer Vormachtstellung des Präsidenten und einer untergeordneten Position des Parlaments interpretierte.[276] So missachtete er auch in aller Regel das als Gegengewicht zum Präsidenten vorge-

---

272 Vgl. ebd.

273 Vgl. ebd., S. 378. Hinsichtlich des institutionellen Aufbaus lehnt sich die russische Verfassung stark an das Modell der Verfassung der V. Französischen Republik an, vgl. ebd.

274 Vgl. Mommsen (2001), S. 45.

275 Kryschtanowskaja, S. 121.

276 Vgl. Mommsen (2001), S. 48.

sehene Prinzip der dualen Exekutive, das eine Aufgabenteilung zwischen Staatsoberhaupt und Ministerpräsident vorschreibt. Im Januar 1994 unterstellte er sich zudem die vier Machtministerien – Äußeres, Inneres, Verteidigung und Föderaler Sicherheitsdienst, wodurch die Kompetenzen der Regierung zusätzlich beschnitten wurden.[277]

Mit der Anfang 1992 eingeleiteten Liberalisierung der Wirtschaft begann auf der Grundlage des von Jelzin im Oktober 1991 vorgelegten Reformprogramms der offizielle Start in die Marktwirtschaft. Die erste Phase der Privatisierung staatlicher Unternehmen fand auf der Basis von Privatisierungsgutscheinen (*voucher*) zwischen Herbst 1992 und Juli 1994 statt. Die Nutznießer dieser Privatisierung waren zum einen Personen, die der ehemaligen sowjetischen Nomenklatura entstammten und die bereits in der Spätphase der Ära Gorbatschow illegal lukrative Staatsbetriebe unter ihre Kontrolle gebracht hatten. Zum anderen waren es besonders Angehörige der früheren Komsomolwirtschaft, die, ausgestattet mit umfangreichen Privilegien, Elemente der Marktwirtschaft in die verkrusteten Strukturen der sowjetischen Ökonomie hineintragen sollten. Auf dieser Basis entstanden in den letzten Jahren der Sowjetunion viele kleinere Privatunternehmen. Diese erwiesen sich jedoch nicht als die erhofften Motoren einer Erneuerung, sondern – vor dem Hintergrund der sowjetischen Mangelwirtschaft – vielmehr als Chance, privat relativ schnell Geld zu verdienen.[278] Dieser Personenkreis aus ehemaligen Angehörigen der Nomenklatura und der Komsomolwirtschaft verfügte über das nötige Geld, um im Rahmen der Privatisierung einen großen Teil der staatlichen Betriebe zu erwerben. Dem einfachen russischen Bürger, der ohne die finanziellen Mittel im Prinzip nichts mit den *vouchers* anfangen konnte, wurden gegen geringe Beträge ihre Anteile abgekauft.[279]

---

277 Vgl. Eicher und Beichelt, S. 319. 1998 verlor die Regierung ihre Verantwortung für das Ministerium für Angelegenheiten der Zivilverteidigung, Ausnahmesituationen und Beseitigung der Folgen von Naturkatastrophen sowie die Föderalen Dienste für Auslandsaufklärung, für den Schutz Russlands und für den Schutz der Grenzen, vgl. ebd.

278 So hatten diese jungen Unternehmer aufgrund ihrer privilegierten Stellung die Möglichkeit, Konsumgüter zu importieren, die sie dann äußerst gewinnbringend weiterverkauften, vgl. Kryschtanowskaja, S. 174f; Schneider, S. 8.

279 Vgl. Schneider, S. 8.

Aus dem Zusammenschluss von Privatbanken und den neu erworbenen Unternehmen entstanden in der Folgezeit so genannte Finanz-Industrie-Gruppen. In der zweiten Privatisierungsphase gewährten die neuen Privatbanken, wie die Menatep-Bank Chodorkowskijs, dem verschuldeten russischen Staat Kredite in Höhe von 2 Milliarden US-Dollar, der im Gegenzug die Anteile seiner Unternehmen verpfändete. Da der Staat die Darlehen nicht zurückzahlen konnte, gingen bis Ende 1998 zwölf Aktienpakete verpfändeter Betriebe - unter ihnen Anteile an den Firmen Jukos, Sibneft und Surgutneftegas - in das Eigentum der Banken über. Dem Wesen nach war dieses *„Share-for-Loan"*-Verfahren zwischen Regierung und Privatwirtschaft somit keine Privatisierung. Mit der Übernahme der Unternehmensanteile wurden allerdings Fakten geschaffen, die einer Privatisierung gleichkamen.[280]

Der Aufbau der Finanz-Industrie-Gruppen wurde hauptsächlich erst durch die engen Beziehungen zur bürokratischen Elite möglich, die von der Transformation der Wirtschaft ebenfalls persönlich profitieren wollte. Ab Mitte der 1990er Jahre waren einige dieser Unternehmer so erstarkt, dass sie begannen, auf die Politik direkt einzuwirken. Dies wurde augenfällig, als Jelzin nur mit der Hilfe dieser Unternehmerschicht, die fortan als *„Oligarchen"* bezeichnet wurden, die Präsidentschaftswahlen 1996 gewann. Die schlechten Umfragewerte des Präsidenten ließen damals befürchten, dass der Kommunist Sjuganow gewählt werden würde, weshalb sie Jelzin anboten, seinen Wahlkampf zu finanzieren. Als Entlohnung für diese politische Investition erhielten einige Posten in der staatlichen Exekutive, z.B. Boris Beresowskij den Posten als Stellvertretender Sekretär des Sicherheitsrats und Wladimir Potanin den Posten als Stellvertretender Ministerpräsident.[281] Durch direkte Bestechung suchten die Oligarchen auf föderaler und regionaler Ebene in die wirtschaftpolitischen Entscheidungen einzugreifen. Einen wesentlichen Beitrag zur Korruption leistete die so genannte *Jelzin-„Familie"*, die im Kern aus Jelzins Tochter Tatjana bestand. Dieser Kreis hatte einen entscheidenden Einfluss darauf, wer Zugang zu Jelzin bekam, dessen Regierungsfähigkeit in seiner zweiten Amtszeit durch seinen schlechten Gesundheitszustand mitunter enorm beeinträchtigt wurde. Jelzins Tochter soll

280 Vgl. Kryschtanowskaja, S. 174f; Schneider, S. 8.

281 Vgl. Eicher und Beichelt, S. 324.

bisweilen sogar die eigentliche Führerin des Landes gewesen sein.[282]

Während die *„Familie"* ihre Machtposition ausbauen konnte, verloren die Oligarchen seit den Finanzkrisen von 1997 und 1998 zunehmend an Einfluss. Ihre Beziehungen zur politischen Führung wurden zudem durch die mehrfach wechselnden Regierungen erschwert. Nur einzelnen Magnaten wie Beresowskij oder Roman Ambramowitsch gelang es, ihre politischen Verbindungen zu wahren, da sie ihre Kontakte zu Jelzins Umgebung zu pflegen wussten.[283] In Jelzins letzten Amtsjahren war die *„Familie"* vor allem mit der Suche nach einem geeigneten Nachfolger für das Präsidentenamt beschäftigt. Es galt, einen akzeptablen Kandidaten zu finden und aufzubauen, welcher die gewachsenen Strukturen nicht grundsätzlich in Frage stellen würde. In dem bis dahin weitestgehend unbekannten Wladimir Putin, der seit Juli 1998 Chef des Inlandsgeheimdienstes FSB und seit März 1999 Sekretär des nationalen Sicherheitsrates war, glaubte man, die passende Person gefunden zu haben. Im August wurde Putin zunächst durch die *„Familie"* in das Amt des Ministerpräsidenten gehoben.[284] Jelzin präsentierte Putin nun auch offiziell als seinen Nachfolger. Die Spitzen der Präsidialadministration und die Finanzmagnaten, die zur *„Familie"* zählten, führten fortan eine mediengestützte Kampagne, um Putins Position bei den Präsidentschaftswahlen zu stärken. Zum Jahresende 1999 trat Jelzin zurück, was Putin den Amtsbonus des Interimspräsidenten sichern sollte. Förderlich war auch der Erfolg der neuen Partei *„Einheit"* - die ein Geschöpf der Administration war - bei den Parlamentswahlen im Dezember 1999, wo sie auf Anhieb den zweiten Platz hinter den Kommunisten erlangte.[285] Putins Förderern aus der *„Familie"* gelang es, ihren *Protegé* in den Medien als erfolgreichen Feldherrn im Tschetschenienkrieg und als einen Mann von *law and order* darzustellen. Putin wurde das Image einer integren Persönlichkeit verliehen, welche das Gegenbild zu Jelzins korruptem Umfeld verkörpern sollte, wo Seilschaften die Politik bestimmten.[286]

Formal erfüllte Russland zwar alle Voraussetzungen eines demokratischen Rechtsstaates. In der Verfassungspraxis zeigte sich al-

---

282 Vgl. ebd., S. 319.

283 Vgl. Schröder, S. 74f.

284 Vgl. Harter et al., S. 275.

285 Vgl. Mommsen (2004), S. 382.

286 Vgl. ebd.

lerdings in vielerlei Hinsicht ein anderes Bild. In der neunjährigen Amtszeit Jelzins hatten sich clanhafte Strukturen entwickelt, die einen wesentlichen Einfluss auf politische Entscheidungen auszuüben vermochten. Hingegen war der Einfluss der Parteien - als Bindeglied zwischen Gesellschaft und Staat - auf die Gestaltung der Politik eher marginal. Stattdessen teilten sich informelle Gremien die Macht mit offiziellen Organen der Exekutive.[287] Jelzin verfügte weder über eine breite Zustimmung des Volkes noch über feste Mehrheiten in der Duma. Er verstand es jedoch, die politischen Kräfte gegeneinander auszuspielen und den Staatsapparat durch personelle Umbesetzungen von sich abhängig zu machen. Als Präsident von der Verfassung mit großen Vollmachten ausgestattet, gab Jelzin aber nicht nur der Wirtschaft, sondern auch den Medien und der Zivilgesellschaft Raum.[288]

2.2. Russland unter Putin

Mit der Inthronisierung Putins, unter Einsatz staatlicher Ressourcen, versuchte die regierende Gruppe, die Kontinuität der unter ihrer Ägide entstandenen Verflechtung von Eigentum und Macht zu sichern.[289] Bei den vorgezogenen Präsidentschaftswahlen am 26. März 2000 gewann Putin mit knapp 53 Prozent bereits im ersten Wahlgang. Den Schwerpunkt seiner Politik bildete in den ersten Jahren seiner Amtszeit die Etablierung seiner eigenen Machtposition und die Wiederherstellung der staatlichen Autorität. Als Ergebnis seiner „Anstrengungen" kann Putin vier kardinale „Siege" verbuchen: gegenüber den Großunternehmern, den Regionen, der Legislative und den Medien.

2.2.1 Die neue Autorität des Staates

2.2.1.1 Die Stärkung der Machtvertikale

Unmittelbar nach seiner Amtsübernahme ging Putin daran, die Staatsmacht wieder zu straffen und die Institutionen lenkbar zu machen. Das vorrangige Ziel bestand darin, die staatliche Kontrolle über die 89 Föderationssubjekte wieder herzustellen, die während der Ära Jelzin eine zu große Eigenständigkeit erlangt hatten. Seit 1993 hatte es des Öfteren Auseinandersetzungen zwi-

287 Vgl. Mommsen (2001), S. 50f.

288 Vgl. Götz (2/2004).

289 Vgl. Schewzowa (2001), S. 35f.

schen dem Zentrum und den zunehmend selbstbewusster agierenden Regionen gegeben. Aufgrund der relativen Unabhängigkeit einiger Regionen entstanden dort autoritäre politische Regime, wie etwa in Baschkortostan oder Tatarstan.[290] Dazu trug auch der Umstand bei, dass seit 1996 die Oberhäupter der Regionen durch die regionale Bevölkerung direkt gewählt wurden. Zu den ersten tief greifenden Amtshandlungen Putins gehörte die Schaffung von sieben Föderalbezirken, die den russischen Militärbezirken entsprachen, an deren Spitze jeweils ein präsidentieller Vertreter stand. Diese Bevollmächtigten des Präsidenten sollten dafür Sorge tragen, dass angesichts der früheren umfangreichen Gesetzesverletzungen das föderale Recht auf regionaler Ebene eingehalten wird.[291]

Die zweite Neuerung bestand darin, dass die Republikpräsidenten/Gouverneure und die Präsidenten der Regionalparlamente nicht mehr dem Föderationsrat angehören durften. Waren diese vorher *ex officio* Senatoren im russischen Oberhaus, saßen an ihrer Stelle nun Vertreter der regionalen Legislative und Exekutive.[292] Als Kompensation für ihren Verlust des Sitzes im russischen Oberhaus erhielten die Chefs der regionalen Exekutive und Legislative einen Sitz im neu gegründeten Staatsrat, der allerdings rein konsultativen Charakter hat und auch in der Verfassung nicht vorgesehen ist. Zudem erhielten die Gouverneure als Ausgleich das Recht, die Leiter der lokalen Selbstverwaltung zu entlassen.[293]

Putin hat im Rahmen der Rezentralisierung der Staatsmacht und der Vereinheitlichung der Beziehungen des Zentrums zu den Regionen 2002 auch den unter Jelzin ausgehandelten so genannten

---

290 Vgl. Eicher und Beichelt, S. 338; Mommsen (2004), S. 416; Kryschtanowskaja, S. 218f.

291 Vgl. Mommsen (2004), S. 416f.

292 Eine Verfassungsänderung war hierfür nicht erforderlich, da Art. 95 der russischen Verfassung lediglich vorschreibt, dass aus jedem Föderationssubjekt je ein Vertreter der Exekutive und der Legislative in den Föderationsrat entsandt werden, vgl. auch Schneider (2006), S. 12.

293 Vgl. Mommsen (2004), S. 417. Putin begründete diese Maßnahme damit, dass die Oberhäupter der Regionen Teil der vollziehenden Gewalt sind. Wären sie aber gleichzeitig auch Mitglieder des Föderationsrates, dann könnten sie sich als Parlamentarier praktisch ihre Gesetze selbst machen, was hieße, das in der Verfassung festgeschriebene Prinzip der Gewaltenteilung zu verletzen. Auch sollten sich nach Meinung des Präsidenten die Gouverneure stärker auf die konkreten Probleme ihrer Territorien konzentrieren, wofür sie ja schließlich von der Bevölkerung gewählt wurden, vgl. Kryschtanowskaja, S. 131.

Kompetenz- oder Machtabgrenzungsverträgen ein Ende bereitet. In den zwischen 1994 und 1998 geschlossenen Verträgen wurden die Kompetenzen zwischen Zentrum und Provinzen definiert. Bei der Forderung nach mehr Vollmachten waren in erster Linie jene föderalen Subjekte erfolgreich, die sich auf eine eigene Rohstoffbasis und eine relativ starke Wirtschaft stützen konnten. Die Zugeständnisse der Zentralregierung gingen nicht selten über den Verfassungsrahmen hinaus. Eine wesentliche Aufgabe dieser Verträge bestand darin, wie im Fall der Republik Tatarstan, die Souveränitätstendenzen einzelner Regionen einzuhegen.[294]

Einen Schritt weiter ging Putin im Herbst 2004, als er in einer erneuten Reform die Volkswahl der Gouverneure in den Föderationssubjekten abschaffte. Den Anlass dafür bildete der Terroranschlag von Beslan. Die Begründung für diese Zentralisierungsreform war die gleiche wie bei der Reform unmittelbar nach seinem Amtsantritt, dass das Zentrum wieder seine Kontrolle über das gesamte Land herstellen müsse.[295] Die Gouverneure werden fortan auf Vorschlag des Präsidenten von der Legislative des föderalen Subjekts mit der Mehrheit der gesetzlichen Mitglieder bestätigt. Lehnt die Legislative den vorgeschlagenen Kandidaten zweimal ab, kann der Präsident das regionale Parlament auflösen. Vorübergehend kann der Präsident auch unmittelbar den Gouverneur bestimmen. Außerdem ist der Präsident berechtigt, den Gouverneur abzusetzen, wenn dieser das Vertrauen des Präsidenten verloren hat oder seinen Pflichten nicht nachkommt. Damit wurde die Verantwortlichkeit des Gouverneurs gegenüber der Exekutive in Moskau durchgesetzt. Diese Maßnahme ging jedoch massiv zulasten der demokratischen Einflussnahme auf die Bestimmung der Exekutive.[296] Die demokratisch legitimierten Abgeordneten der Regionalparlamente können den Kandidaten des Präsidenten zwar bestätigen oder ablehnen; bei einer Ablehnung laufen sie aber Gefahr, durch die Auflösung des Parlaments ihr eigenes Mandat zu verlieren.[297] Dadurch, dass ein föderales Staatsorgan einen bestimmenden Einfluss auf die personelle Be-

---

294 Vgl. Schneider (2006), S. 12; Mommsen (2004), S. 416.

295 Vgl. Eicher und Beichelt, S. 338.

296 Entsprechend wurde auch gegen das in der russischen Verfassung festgeschriebene Prinzip der „Einheitlichkeit des Systems der staatlichen Gewalt" verstoßen, wonach auf föderaler wie auf regionaler Ebene eine Rückführung der Macht auf das Volk nötig ist, vgl. Nußberger, S. 221.

297 Vgl. Nußberger, S. 219.

setzung eines teilstaatlichen Organs hat, wird das Prinzip Gewaltenteilung, in diesem Fall der vertikalen Gewaltenteilung, umgangen. Eine Machtkontrolle von unten nach oben ist nicht mehr möglich. Auch hinsichtlich der horizontalen Gewaltenteilung steht die Systemreform im Widerspruch zur Verfassung. Denn der Präsident, der die Spitze der Exekutive darstellt, vermag nun über den Gouverneur indirekt Einfluss auf die Zusammensetzung des Föderationsrats zu nehmen, der neben der Duma für die Gesetzgebung verantwortlich ist.[298] Dies deshalb, weil der Gouverneur *de facto* bestimmt, wer als Vertreter der regionalen Exekutive nach Moskau in den Föderationsrat entsandt wird. Er ernennt per Erlass den Vertreter der Exekutive, welcher als bestätigt gilt, wenn das Regionalparlament nicht innerhalb von drei Wochen mit einer Zweidrittelmehrheit gegen seine Ernennung stimmt.[299]

Mit der Stärkung der Machtvertikale gelang es der russischen Führung unter Putin, die Kontrolle der Zentralregierung über die Regionen, welche sich in der Amtszeit Jelzins teilweise politisch verselbständigt hatten, wieder herzustellen. Die Straffung der föderalen Strukturen ging allerdings erheblich zu Lasten der in der russischen Verfassung verankerten Prinzipien von Demokratie und Gewaltenteilung.

---

298 Vgl. ebd., S. 220f.

299 Vgl. Schneider (2006), S. 12. Der Vertreter der Legislative wird vom Vorsitzenden des regionalen Parlaments vorgeschlagen. Eine Gruppe von mindestens einem Drittel der Abgeordneten kann jedoch einen alternativen Kandidaten aufstellen. Der Vertreter der Legislative wird vom regionalen Parlament gewählt und ist für die Dauer der Legislaturperiode des Regionalparlaments im Amt, vgl. ebd. Eine weitere Reform nach dem Massaker von Beslan betraf das Wahlrecht. Das bis dahin angewendete „duale System" oder „Grabenwahlrecht" wurde in ein rein repräsentatives Listenwahlrecht umgewandelt. Das Problematische an dem bisherigen Verhältniswahlsystem bestand zwar in seiner fragmentierenden Wirkung, allerdings ermöglichte es Prominenten sowie regional starken Gruppierungen - unabhängig von der Parteizugehörigkeit - relativ leicht Einfluss in der Staatsduma zu gewinnen. Aber gerade die damit verbundene Unkalkulierbarkeit von Entscheidungen sollte ausgeschlossen werden. Diese Neuregelung verstößt im Gegensatz zu der Reform, mit der die Direktwahl der Gouverneure abgeschafft wurde, nicht gegen das Verfassungsrecht. Jedoch ist sie Ausdruck einer Politik der potentiellen Gleichschaltung, in welcher besonders für politische Einzelgänger kein Platz zu sein scheint, vgl. Nußberger, S. 233.

2.2.1.2 Die Verdrängung der politisch ambitionierten Oligarchen

Präsident Putin ist mit dem Ziel angetreten, die staatliche Zentralgewalt zu stärken, was für ihn und seine Gefolgsleute auch bedeutete, sich alternativer Machtzentren zu entledigen. Das galt im hohen Maße für die Oligarchen, die während der Amtszeit Jelzins in der Lage waren, Einfluss auf wichtige politische Entscheidungen zu nehmen. Putin traf sich, zwei Monate nach seiner Wahl, im Mai 2000 zum ersten Mal mit einer Gruppe einflussreicher Unternehmer in einem Landhaus außerhalb Moskaus. Auf der als „Grillparty" bekannten Zusammenkunft verlangte Putin von ihnen, dass sie sich aus der Politik herauszuhalten haben. Im Gegenzug versprach er, dass der Staat nicht gegen sie vorgehen würde.[300] Auf einem weiteren Treffen[301] Ende Juli 2000 lehnte er es jedoch ausdrücklich ab, Straffreiheit für die in den 1990er Jahren teilweise illegalen Privatisierungen zu gewähren. Vielmehr würde sein Verhältnis zu ihnen künftig davon bestimmt werden, wie ihre Unterstützung für seine Politik ausfällt.[302] Putin machte damit deutlich, dass er eine Einmischung der Wirtschaft in die Sphären des Staates nicht dulden werde. Boris Beresowskij, der Financier *der „Jelzin-Familie"* und Unterstützer einer Präsidentschaft Putins, sowie Wladimir Gussinskij sollten bald zu spüren bekommen, dass dies keine leeren Drohungen waren. Weil sie nicht gedachten, sich der Autorität des Staates unterzuordnen, kamen gegen beide Medienunternehmer Generalstaatsanwaltschaft und Steuerbehörden zum Einsatz. Die Staatsmacht erreichte dadurch, dass Beresowskij und Gussinskij ihre Anteile an ihren TV-Sendern (ORT und NTV) und Zeitungen an eine Tochtergesellschaft der Gazprom verkauften und Russland verließen. Auch gegen andere Unternehmer wurde ermittelt; hier konnte jedoch zwischen beiden Seiten eine Verständigung erzielt werden. Seit 2001 trifft sich Putin in unregelmäßigen Abständen mit den Wirtschaftsführern.[303]

---

300 Vgl. Kryschtanowskaja, S. 219f.

301 Putin begann die Unterredung mit den Worten: "I only want to draw your attention straightaway to the fact that you have yourselves formed this very state, to a large extent through political and quasi-political structures under your control. So perhaps what one should do least of all is blame the mirror." zitiert in: Hellman (2000), S. 1.

302 Vgl. Schneider (2004), S. 4.

303 Vgl. Kryschtanowskaja, S. 221; Schneider (2004), S. 14.

Wie weit die russische Führung gehen würde, um politisch unliebsame Oligarchen auszuschalten, zeigte sich vor den Wahlen zur Duma im Oktober 2003, als der Vorstandsvorsitzende des Erdölkonzerns Jukos Michail Chodorkowskij verhaftet wurde. Ihm wurde zum Verhängnis, dass er die getroffene Vereinbarung nicht einhielt und sich politisch engagierte. So unterstütze er finanziell den Wahlkampf der demokratisch-liberalen Oppositionsparteien *„Union rechter Kräfte"* und *„Jabloko"*, allerdings in einem Rahmen, der weit über den anderer Oligarchen hinausging. Der Kreml unterstellte ihm, dass er durch die Unterstützung von Parteien und Abgeordneten eine Sperrminorität erreichen wolle, um damit ihm unerwünschte Gesetze zu verhindern.[304] Auch andere politische Aktivitäten Chodorkowskijs, wie die Finanzierung von Nichtregierungsorganisationen, die sich für Demokratie und Bürgerrechte einsetzen, waren der Kremlführung ein Dorn im Auge. Das Vorgehen gegen Jukos hatte auch eine politisch-wirtschaftliche Dimension. Ausschlaggebend dürfte zunächst der Umstand gewesen sein, dass Chodorkowskij das inzwischen hochprofitable Unternehmen Jukos für lediglich 350 Millionen US-Dollar vom russischen Staat erworben hatte. Dem gegenüber stand ein Gewinn von 3,8 Milliarden US-Dollar, den das Unternehmen allein im Jahr 2002 erwirtschaftete.[305] Ein weiterer Grund bestand darin, dass Chodorkowskij Jukos stärker in die Weltwirtschaft integrieren wollte und daher beabsichtigte, 40 bis 50 Prozent der Anteile des Unternehmens an US-amerikanische Firmen zu verkaufen. Für die russische Führung, die den Erdölsektor als strategisch wichtig betrachtet und auf die Einnahmen aus diesem Sektor angewiesen ist, bestand damit die Gefahr, dass sich Jukos als multinationaler Konzern ihrer Kontrolle entziehen würde. Und nicht zuletzt war es Chodorkowskijs Exportpolitik, die sich nicht mit den Interessen des Kremls deckte. So wollte er sich etwa vom staatlichen Pipelinemonolisten Transneft unabhängig ma-

---

304 Tatsächlich hatte Chodorkowskij durch umfangreiche Spenden an Oppositionsgruppen zweimal erreicht, dass Gesetzesentwürfe, die eine verstärkte Abschöpfung der Erdölgewinne vorsahen, nicht angenommen wurden, vgl. Schneider (2004), S. 19.

305 Der Umsatz betrug 11,4 Milliarden US-Dollar. Vom Gewinn wurden 746 Millionen US-Dollar Einkommenssteuer gezahlt und 700 Millionen US-Dollar Dividende ausgeschüttet. 2,4 Milliarden US-Dollar wurden wieder investiert. Der Marktwert des Unternehmens betrug 2003 rund 30 Milliarden US-Dollar. Der wirtschaftliche Erfolg des Unternehmens war insbesondere auf Chodorkowskijs Restrukturierungsmaßnahmen zurückzuführen, vgl. Götz (2003), S. 1f.

chen, indem er eigene Ölleitungen plante.[306] Im Jahr 2004 wurde Chodorkowskij unter anderem wegen Steuerhinterziehung zu acht Jahren Lagerhaft verurteilt. Die Firma Jukos wurde zerschlagen. Juganskneftegas, der Hauptbetrieb des Unternehmens, ging im Rahmen einer zwielichtigen Versteigerung für umgerechnet 6,9 Milliarden Euro an die vom Staat kontrollierte Ölfirma Rosneft.[307]

An dem Fall Chodorkowskij wollten die „Kreml-Strategen" letztlich auch ein Exempel statuieren. Denn die Exilierung von Beresowskij und Gussinskij im Jahr 2000 schien als Warnung an die Oligarchen ihre Wirkung zu verlieren. Der Kreml musste beobachten, dass die Oligarchen nun verstärkt auf der regionalen Ebene Politik betrieben. Einigen gelang es sogar, politische Funktionen zu übernehmen, sei es als Präsident, Gouverneur oder als Vertreter einer Region im Föderationsrat. Dabei kam den Oligarchen zugute, dass sie nach der Krise von 1998 wieder an Finanzstärke gewannen und die Gouverneure durch die Verwaltungsreform des Jahres 2000 geschwächt waren. Beides stützte ihre Position gegenüber den Regionen.[308] Sie finanzierten Wahlkämpfe und platzierten eigene Kandidaten in den Regionalparlamenten. Auf diese Weise erlangten die Oligarchen Zugang zu wichtigen Wirtschaftsbereichen. Es entstanden teilweise enge Kooperationen zwischen den Unternehmen und den (vorwiegend rohstoffreichen) Regionen. Der Einfluss der Untenehmen ist dabei vor allem von der Stärke der regionalen Elite abhängig. In Tatarstan etwa, wo Politik und Wirtschaft im Wesentlichen durch den Präsidenten und seine Familie dominiert werden, haben sich die Wirtschaftsakteure der regionalen Führung unterzuordnen. Anderenorts kommt es dagegen zu eher gleichberechtigten Kooperationen. In den meisten Fällen ist es aber das *big business*, das den regionalen Eliten die Bedingungen vorgibt. Teilweise bestehen so symbiotische Beziehungen zwischen den Regionen und den dort tätigen Großunternehmen. Die Firmen erhalten Vergünstigungen, etwa bei der Lizenzvergabe (Erdölunternehmen) oder der Besteuerung, und werden nötigenfalls von der Konkurrenz abgeschirmt. Die Unternehmen tragen im Gegenzug zur wirtschaftlichen Entwicklung in den Regionen bei, und nicht zuletzt profitieren die regionalen Eliten auch persönlich von der Zusammenarbeit. Sie sichern sich über diese ihre Einnahmen und ihren persönlichen Machter-

306 Vgl. Schneider (2004), S. 19.

307 Vgl. ebd., S. 21; Die Welt, 19.12.2004; Die Zeit, 08.12.2005.

308 Vgl. Schneider (2004), S. 17; Kusznir, S. 188.

halt.[309] In dem Maße, wie der russische Staat allerdings die Kompetenzen der Föderationssubjekte beschneidet, werden sich auch die Beziehungen zwischen den Oligarchen und den Regionen verändern. „Außenstehende" Unternehmen werden zudem von der Führung in Moskau dabei unterstützt, Zugang zu jenen Regionen zu erhalten, wie Baschkortostan oder Tatarstan (beides Regionen mit großen Erdöl- und Erdgasvorkommen), die sich ihrer eigenen Interessen wegen gegenüber neuen Unternehmen abschotten. Moskau ist vor allem daran interessiert, die Machtbasis der regionalen Eliten - die einen potentiellen Gegenpol zum Zentrum bilden - zu schwächen.[310]

2.2.1.3 Die Besetzung der Exekutive mit Gefolgsleuten

Mit der Inthronisierung Putins hoffte *die „Familie"*, ihre politischen Funktionen und Strukturen in die neue Präsidentschaft hinüberretten zu können. Kurz nach seiner Amtsübernahme entfernte Putin jedoch zwei zentrale Personen der Jelzin-Zeit aus seinem direkten Umfeld: Pawel Borodin und Jelzins Tochter Tatjana Djatschenko. Dessen ungeachtet gehörten aber noch immer eine Reihe von Vertretern der wichtigsten politischen Clans zu Putins Regierung und weiteren Entourage. Zum neuen Ministerpräsidenten wurde Michail Kasjanow ernannt, der der *„Familie"* nahe stand. Zudem wurde Alexander Voloschin, der unter Jelzin die Fäden in der Präsidialadministration gezogen hatte, im Amt bestätigt.[311]

Putin griff unter anderem auf Personal der Jelzin-Ära zurück, da er selbst wenig politische Erfahrung auf föderaler Ebene besaß und im Großen und Ganzen zunächst auch nicht über genügend eigene Gefolgsleute verfügte, die den Staatsapparat hätten kompetent führen können.[312] Nach und nach gelang es Putin allerdings, Bekannte und frühere Arbeitskollegen (genannt nach Putins Heimatstadt die „Petersburger") in den Kreml zu holen, welche ein Gegengewicht zu dem „ererbten" Personal bilden sollten. Im März 2001 besetzte Putin die ihm direkt untergeordneten Machtministerien[313] mit loyalen Mitarbeitern aus seiner Seilschaft.

---

309 Vgl. Kusznir (2005), S. 206ff; (2007).

310 Vgl. Orttung, S. 4.

311 Vgl. Mommsen (2005), S. 171; Eicher und Beichelt, S. 325.

312 Vgl. Renz, S. 2.

313 Die Bezeichnung „Machtministerien" oder wörtlich Machtstrukturen (silovye struktury), wird als Oberbegriff für alle föderalen Ministerien

Dessen ungeachtet blieb Kasjanow weiterhin im Amt des Regierungschefs.

Aus dem von Putin rekrutierten Personal gingen miteinander konkurrierende Gruppierungen hervor, die sich im Wesentlichen unterscheiden lassen in die Gruppe der *„Silowiki"* und die Gruppe der *„Reformer"*. Die Gruppe der Silowiki (die „Kräftigen") besteht aus Putins ehemaligen Mitstreitern aus dem sowjetischen Geheimdienst KGB und Bediensteten der russischen Nachfolgeorganisation FSB sowie Militärs, die er insbesondere mit der Führung der Machtministerien, wie dem Verteidigungs- und dem Innenministerium, betraute. Die Gruppe der Reformer setzt sich unter anderem zusammen aus Putins Studienkollegen an der rechtswissenschaftlichen Fakultät der Leningrader Universität und aus Mitarbeitern des Petersburger Bürgermeisters, unter dem er selbst gearbeitet hatte. Die Silowiki stehen in erster Linie für einen starken Staat, der Gesellschaft und Wirtschaft zu kontrollieren hat. Dem gegenüber vertreten die Reformer eher liberale Ansichten. Putins Entscheidungsfreiheit gilt allgemein als umstritten. Er wird als das mehr oder weniger ausgleichende Moment zwischen beiden Gruppen gesehen. Das Vorgehen gegen Chodorkowskij wurde jedoch als Zeichen dafür gewertet, dass die Silowiki oder „Tschekisten", wie sie sich selbst nennen, die Oberhand im Machtgefüge des Kremls erlangten. Ihr gestiegener Einfluss soll eine der Hauptursachen für Putins autoritären Kurs sein.[314]

Schätzungen zufolge wurden unter Putin etwa 60 Prozent der Führungsposten im Staat mit Personal besetzt, das sich seine Spo-

---

oder Institutionen mit uniformierten und bewaffneten Einheiten verwendet. Hierzu gehören auch Strafverfolgungs- und Vollzugsbehörden. Während es in der Sowjetunion nur drei Machtministerien gab (Verteidigungsministerium, Innenministerium und KGB), erhöhte sich diese Anzahl nach 1991 durch deren Aufteilung und die Errichtung neuer Organisationen auf bis zu 14 Einheiten. Im Zuge umfassender Reformen in den Jahren 2003 und 2004 wurde die Anzahl der Machtministerien auf zehn verringert, vgl. Forschungsstelle Osteuropa, Nr. 117/06, S. 4.

314 Vgl. Mommsen (2005), S. 174f; Eicher und Beichelt, S. 325; Schneider (2004), S. 15; Frankfurter Allgemeine Zeitung, 17.12.2006. Konkrete Aussagen zur Innenwelt des Kremls sind allerdings fast unmöglich, da sich die inneren Führungszirkel der Öffentlichkeit entziehen. Eine Analyse der Machtkonstellationen im Kreml wird sogar oftmals als ungleich schwerer bezeichnet, als es in der Sowjetzeit der Fall war, wo die so genannten „Kremlastrologen" sich um tiefere Einsichten bemühten.

ren in den Geheimdiensten und den Streitkräften verdient hatte. Diese bekleiden Ämter auf allen Ebenen des russischen Staatsapparates: von der Kremladministration - der „Machtvertikale" entlang - bis hinunter zu den Regionen. *Olga Kryschtanowskaja*, die Leiterin des Moskauer Zentrums für Eliteforschung, spricht von einer „Militarisierung der Macht", die sich insbesondere auch darin äußert, dass in der Amtszeit Putins kontinuierlich die Ausgaben für Verteidigung und Sicherheit gestiegen sind.[315]

Tabelle 8: Russlands Ausgaben für die „Repressions- und Justizorgane" (in Mrd. Rubel)

	2000	2001	2002	2003	2004	2005
Verteidigungsministerium	205,81	207,06	273,70	298,34	332,09	374,46
Innenministerium	66,20	74,90	55,34	118,80	167,64	186,53
Föderaler Sicherheitsdienst	12,00	20,00	33,27	30,00	36,25	47,60
Generalstaatsanwaltschaft	4,70	6,30	10,38	12,90	16,49	19,96
Justizministerium	21,11	27,70	37,50	55,56	59,85	74,06
Ministerium für Notsituationen	3,07	3,39	5,00	18,00	18,75	23,99

Quelle: Kryschtanowskaja, S. 167.

Darüber hinaus verschaffte Putin dem FSB einen erheblichen Machtzuwachs, indem er ihm früher ausgegliederte Zuständigkeiten wieder zuführte.[316] Die in den 1990er Jahren vorgenommene Aufteilung des KGB - eine Maßnahme gegen eine zu starke Machtkonzentration - wurde damit zu einem Großteil wieder

315 Vgl. Kryschtanowskaja, S. 164f.

316 Die Grenztruppen sind dem FSB im Jahr 2003 wieder eingegliedert worden. Im Folgejahr wurde dem FSB die Föderale Agentur für regierungsamtliche Kommunikation und Information beim Präsidenten (FAPSI) integriert, zu dem auch der Abhördienst der Telekommunikation gehört. Der FSB ist darüber hinaus schon seit langem bestrebt, sich den Auslandsnachrichtendienst einzuverleiben. Damit hätte der FSB wieder die Kompetenzen des ehemaligen KGB erlangt, vgl. SWP, http://www.swp-berlin.org/de/produkte/fachpublikation.php?PHPSESSID=&id=4403&lang=de& active=none&page=8 (05.02.07).

rückgängig gemacht.[317] Die Etablierung der neuen Verwaltungsstrukturen im Verbund mit dem Willen, über weite Teile der Gesellschaft, einschließlich der Wirtschaft, die Kontrolle zu erlangen, führte zudem zu einem erheblichen Anstieg der im öffentlichen Dienst Beschäftigten.[318]

Tabelle 9: Anzahl der Mitarbeiter in staatlichen Behörden und in der lokalen Selbstverwaltung, Ende 2005 (nach Verwaltungsebenen)

(1000 Personen)	1994	1996	1998	2000	2002	2004	2005
Staatsapparat und lokale Selbstverwaltung gesamt	1.004,4	1.092,9	1.112,1	1.163,3	1.252,3	1.318,6	1.462,0
Föderale Ebene	39,4	37,9	35,9	38,8	37,9	35,6	41,1
Regionale Ebene	446,5	509,4	484,0	483,7	552,5	592,4	725,6
Föderalsubjekte	518,5	417,5	206,0	192,9	206,6	220,6	230,7
lokale Selbstverwaltung	k.A.	128,1	386,3	448,0	455,4	470,0	464,5

Quelle: Forschungsstelle Osteuropa, Nr. 96/06, S. 14.

Tabelle 10: Anzahl der Mitarbeiter in staatlichen Behörden und in der lokalen Selbstverwaltung, Ende 2005 (nach Tätigkeitsfeldern)

(1000 Personen)	1994	1996	1998	2000	2002	2004	2005
Staatsapparat und lokale Selbstverwaltung gesamt	1.004,4	1.092,9	1.112,1	1.163,3	1.252,3	1.318,6	1.462,0
Legislative	7,2	10,5	11,0	15,5	20,4	22,9	24,4
Exekutive	894,4	971,1	993,2	1.029,5	1.072,6	1.103,3	1.236,6
Judikative	102,7	110,1	105,6	115,2	153,9	184,5	192,8
Andere Staatsorgane	0,1	1,2	2,3	3,1	5,5	7,9	8,3

Quelle: Forschungsstelle Osteuropa, Nr. 96/06, S. 14.

Mit der Entlassung Kasjanows Ende Februar 2004 und der Einsetzung Michail Fradkows als neuem Regierungschef verschob sich

317 Vgl. Frankfurter Allgemeine Zeitung, 12.12.2006.

318 Vgl. Vogel, S. 10; Forschungsstelle Osteuropa, Nr. 96/06, S. 14.

das Machtgleichgewicht weiter zugunsten der Silowiki. Hinzu kam die Ernennung Igor Setschins zum Chef der Präsidialadministration. Die *„Familie"* gilt inzwischen als nahezu aus dem politischen Prozess verdrängt. Im Wesentlichen konkurrieren nun nur noch die Silowiki und die Reformer miteinander. Es herrscht zwischen den beiden Kremlgruppen vor allem Dissens darüber, wie hoch der Einfluss des Staates auf die Wirtschaft sein sollte. Putin vermeidet es, sich offen mit einer dieser Gruppen zu identifizieren, da er sonst Gefahr liefe, Geisel einer dieser Gruppen zu werden.[319] Die staatliche Bürokratie ist - obwohl sie keine homogene Einheit bildet - ein weiterer Akteur, der eigene Interessen verfolgt. In welchem Maße sie die Führungsposition des Präsidenten schwächt, bleibt ungewiss. Tatsache ist jedoch, dass sie nicht selten die Ausführung seiner Direktiven konterkariert.[320]

2.2.2 Die „Gelenkte Demokratie"

Zu Putins Konzeption des starken Staates gehört unzweifelhaft die Absicht, den Prozess der politischen Willensbildung nach den Prämissen seines Herrschaftsmodells zu gestalten. Dieses Vorgehen ist auch Ausdruck des traditionellen wechselseitigen Misstrauens zwischen Regierenden und Regierten in Russland. So glauben die Bürger ihrerseits nicht an die Durchsetzbarkeit ihrer Rechte gegenüber dem Staat, während ihnen der Staat seinerseits die Reife für die Übernahme bürgerlicher Rechte abspricht. Der Staat besitzt kein eigentliches Interesse an einer Selbstorganisation der Bürger im Sinne einer funktionierenden Zivilgesellschaft. Die Mitwirkung des Volkes am politischen Prozess ist trotz aller Bekundungen zur Demokratie eher unerwünscht, da sie unkalkulierbare Risiken für die Autorität der Staatsführung in sich birgt.[321] An die Stelle einer genuinen politischen Partizipation, einer „Herrschaft des Volkes", tritt gewissermaßen eine Scheindemokratie, oder - wie es Putin bezeichnet - eine „gelenkte Demokratie" *(upravljaemaja demokratija)*.[322]

---

319 Vgl. Mommsen (2005), S. 183.

320 Vgl. Shevtsova (2006), S. 7f.

321 Vgl. Vogel, S. 12.

322 In der Politikwissenschaft wird Russland als eine *delegative Demokratie* bezeichnet, vgl. Eicher und Beichelt, S. 320.

2.2.2.1 Die faktische Ausschaltung oppositioneller Parteien

Putin gehört wie auch bereits Jelzin keiner Partei an. Jelzin wollte als Präsident über den Parteien stehen und lehnte es ab, irgendeine Partei als Präsidentenpartei zu unterstützen.[323] Im Gegensatz zu Jelzin versteht es Putin jedoch, die Parteien als politisches Instrument zu nutzen. Seit den Dumawahlen von 2003 kann sich Putin auf die Zweitdrittelmehrheit der ihm loyalen Partei *„Einiges Russland"* stützen. Das grundlegende Ziel dieser „von oben" konstruierten Partei besteht darin, die Macht des amtierenden Präsidenten gegenüber der Opposition zu erhalten und zu festigen. Gegenüber der Ära Jelzin hat sich die Zusammenarbeit zwischen Präsidenten und Legislative damit fundamental verändert. Gesetze werden zwischen der Präsidialadministration und den Fraktionsvorsitzenden abgestimmt und in der Regel ohne große Debatten angenommen. Die derzeitigen Mehrheitsverhältnisse erlauben Putin sogar Eingriffe in die Verfassung. Eine Kontrolle der Exekutive durch die Legislative ist praktisch nicht gegeben.[324]

Auch hinsichtlich der diesjährigen Dumawahlen (2007) wird vonseiten der Kremlführung und ihren „Polittechnologen" nichts dem Zufall überlassen. So wurde das Wahlrecht dahingehend modifiziert, dass eine Mindestwahlbeteiligung nicht mehr erforderlich ist. Auf diese Weise soll sichergestellt werden, dass der Wahlsieg der Kremlpartei auch bei einer niedrigen Wahlbeteiligung seine Gültigkeit besitzt. Ferner ist ein Fraktionswechsel nicht mehr möglich, das entsprechende Mandat geht verloren. Selbst die Kritik am politischen Gegner soll laut dieser Änderung nicht mehr statthaft sein.[325] Gleichzeitig wurde vom Kreml eine weitere machtnahe Partei gegründet, um möglichst das gesamte politische Spektrum mit loyalen Parteien abzudecken und um zumindest den Anschein eines Parteienpluralismus zu erwecken. Diese Partei, genannt *„Gerechtes Russland"*, versteht sich als Mitte-Links-Partei und soll nicht nur als (fiktive) Konkurrentin der regierenden Partei „Einiges Russland" auftreten, sondern auch die Stimmen unzufriedener Kommunisten für den Kreml sichern. Daneben wird aufgrund des im Sommer 2005 beschlossenen Parteiengesetzes wahrscheinlich gut ein Drittel der bisherigen Parteien nicht zur Wahl antreten können, da sie die Bedingungen für

---

323 Vgl. Mommsen (2004), S. 387.

324 Vgl. Eicher und Beichelt, S. 320.

325 Vgl. Schewzowa (2006), S. 2; Handelsblatt, 02.01.2007.

die erforderliche Neuregistrierung nicht erfüllen.[326] Der überwiegende Teil jener Parteien, die eine Registrierung erhielten, wird jedoch spätestens bei den Wahlen an der Siebenprozenthürde scheitern.[327] Zusätzlich gilt das Verhältniswahlrecht, das unabhängigen Kandidaten letztlich die Chance nimmt, in die Duma einzuziehen.

Die oppositionellen liberal-demokratischen Parteien befinden sich in einer äußerst prekären Lage. Sie haben praktisch keine Möglichkeit, in das neue Parlament gewählt zu werden. Bereits 2003 scheiterten „Jabloko" und „Union rechter Kräfte" an der Fünfprozenthürde. Das Problem beider Parteien besteht nicht zuletzt auch darin, dass sie es in der Vergangenheit nicht vermocht haben, sich eine ausreichende gesellschaftliche Basis zu schaffen.[328] Ein erneutes Scheitern dieser Parteien könnte ihr politisches Ende besiegeln.[329]

2.2.2.2 Die Einschränkung der Meinungs- und Pressefreiheit

Der Drang zur staatlichen Kontrolle der Gesellschaft spiegelt sich auch in der teilweise gravierenden Einschränkung der Meinungs- und Pressefreiheit wider. Die Steuerung des Informationsflusses ist aus der Sicht des Kremls und vor dem Hintergrund der „gelenkten Demokratie" nur konsequent und zeugt vor allem von dem Respekt der Führung vor der politischen Brisanz ungefilterter Informationen. Während Putin nach seinem Amtsantritt noch die politische Desinformation und Manipulation der Bevölkerung durch die Medien beklagte, welche den Interessen ihrer privaten Eigentümer dienten,[330] so ist es inzwischen der Staat, der einen bedeutenden Teil der Medien kontrolliert und steuert. Vor allem die halbstaatliche Gazprom beteiligt sich aktiv an der Akquisition von Medien. Ihr gehören zahlreiche Zeitungen sowie Radio- und Fernsehsender.

---

326 Vgl. Frankfurter Allgemeine Zeitung, 04.01.2007. Eine Neuregistrierung setzt voraus, dass eine Partei mindestens 50.000 Mitglieder nachweisen kann und in der Hälfte aller Föderationssubjekte des Landes mit regionalen Organisationen mit jeweils 500 Mitgliedern vertreten ist, vgl. ebd.

327 Vgl. ebd.

328 Vgl. Donath, S. 282.

329 Vgl. Schewzowa (2006), S. 2.

330 Vgl. Putin: Botschaft an die Föderalversammlung der Russischen Föderation, 08.07.2000.

Das landesweite Fernsehen wird durch den Staat dominiert, der die Kontrolle über die drei größten TV-Sender besitzt. Es gibt zwar zahlreiche Printmedien, die auch das komplette politische Spektrum abdecken, allerdings sind die unabhängigen Zeitungen fast ausschließlich in den größeren Städten erhältlich.[331] Eine Untersuchung des russischen Journalistenverbandes ergab, dass es sich bei mehr als neunzig Prozent der politischen Informationen, die über die landesweiten Fernsehsender und die größten Zeitungen verbreitet werden, um eine Propaganda für die Kremlpartei „Einiges Russland" und den Präsidenten handelt.[332] Durch die Monopolisierung der Informationen hat der Kreml die Möglichkeit, die Meinungsbildung der Bevölkerung in seinem Sinne zu beeinflussen.

Besonders gefährdet ist die Presse- und Meinungsfreiheit in den Regionen, allen voran Tschetschenien, wo Kritik am Vorgehen der Staatsorgane nicht toleriert wird. Demonstrationen, die nicht die Meinung bzw. die Interessen der politischen Führung vertreten, erhalten häufig entweder hohe Auflagen oder werden gänzlich verboten. Auf unbotmäßige Äußerungen von Journalisten, Wissenschaftlern oder auf die Aktionen von Bürgerrechtlern und Umweltschützern antwortet der Staat nicht selten mit Repressalien. Mehrmalig wurde bereits gegen Vertreter dieses Personenkreises wegen des Vorwurfs der Spionage gerichtlich vorgegangen.[333] In diesem Zusammenhang steht auch die Einführung des neuen Gesetzes, welches die NGOs einer verstärkten staatlichen Kontrolle unterzieht. Insbesondere vor dem Hintergrund der „farbigen Revolutionen" in Georgien, der Ukraine und Kirgisien soll das Gesetz verhindern helfen, dass alternative Meinungen ihre Verbreitung finden.[334] Auch die Demoskopie fiel in die Fänge des Staates. So wurde 2003 das damals unabhängige Meinungsforschungszentrum VZIOM in eine staatliche Aktiengesellschaft verwandelt.[335] Auf der 2006 von der Journalistenorganisation „Reporter ohne Grenzen" veröffentlichten Rangliste der Pressefreiheit belegte Russland von 168 Ländern Platz 147 (Vorjahrs-

---

331 Vgl. Stern, 12.03.2004.

332 Vgl. RIA Novosti, 25.10.2006. http://de.rian.ru/russia/20061025/55116666.html (05.02.07)

333 Vgl. Donath, S. 284.

334 Vgl. Schmidt, S. 5.

335 Vgl. Vogel, S. 14.

rang: 138).[336] Für das weitere Absinken Russlands auf dieser Skala dürften vor allem die drei Journalistenmorde des Jahres 2006 verantwortlich sein, die sich damit seit Putins Amtsantritt auf insgesamt 21 summieren.[337]

Zu den wenigen kritischen Medien gehört etwa der Radiosender *„Echo Moskau"*, und das, obwohl die Anteilsmehrheit an diesem Sender die Gazprom hält. Echo Moskau wird als ein Beispiel dafür angesehen, dass die Kremlführung bewusst einige Freiräume bestehen lässt, um zumindest den Eindruck eines Meinungspluralismus zu wahren. Aber auch im Fall dieses Senders gilt, dass eine Ausweitung seines Empfangsbereichs über den Großraum Moskau hinaus nicht erwünscht ist.[338] Der Kreml ist jedoch auch aus handfesten Gründen auf die Existenz einiger unabhängiger Informationsquellen angewiesen. Diese haben einerseits die Aufgabe, authentische Stimmungen und Meinungen der Bevölkerung im Land einzufangen; andererseits dienen sie der Kontrolle der subalternen Ebenen. Insbesondere angesichts der in der russischen Bürokratie weit verbreiteten Korruption ist es allerdings fraglich, ob die wenigen unabhängigen Medien ausreichen, um diese Funktion zu erfüllen. Als „vierte Gewalt" können die Medien in Russland jedenfalls nur höchst eingeschränkt bezeichnet werden.

2.2.3 Putins Rückhalt in der Bevölkerung

Trotz der offensichtlichen Einschränkung der bürgerlichen Freiheiten und politischen Teilhaberrechte besitzt Putin einen hohen Rückhalt in der Bevölkerung. Im März 2004 wurde er mit einer großen Mehrheit von 71 Prozent wieder gewählt.[339] Seine zweite und damit laut russischer Verfassung letzte Amtszeit endet 2008. Dessen ungeachtet haben Umfragen ergeben, dass 59 Prozent der russischen Bevölkerung einer dritten Amtszeit Putins zustimmen würden.[340] Womit lässt sich diese Zustimmung für Putins Politik erklären?

---

336 Vgl. Reporter ohne Grenzen, http://www.reporter-ohne-grenzen.de/rangliste-2006.html (03.02.07).

337 Vgl. ebd., Jahresbericht, S. 121, http://www.reporter-ohne-grenzen.de/fileadmin/rte/docs/2007/ra pport_en_md.pdf (03.02.07).

338 Vgl. Stern, 12.03.2004.

339 Vgl. Schulze (2004), S. 166.

340 Vgl. Kommersant, 08.06.2006.

Putin steht in den Augen der Mehrheit der Russen zunächst und vor allem für Ordnung. Er war es, der nach den von vielen als Chaos empfundenen Jahren unter Jelzin die innenpolitische Stabilität im Lande wieder herstellte. *Donath* hat die Stimmung der russischen Bevölkerung recht anschaulich beschrieben:

> „Nach der Ära Boris Jelzins, die spöttisch mit dem Kunstbegriff ‹‹Anokratie››, einem Gemisch aus Anarchie und ungelenken demokratischen Gehversuchen, versehen wurde, traf der neue Kremlchef, Wladimir Putin, mit ordnungspolitischem Gestaltungsdrang den Nerv der Zeit und das Bedürfnis der meisten Bürger, die der Aufgeregtheit, Unruhe und Hysterie der neunziger Jahre überdrüssig waren. Der Psychohaushalt des Volkes verlangte nach einer Verschnaufpause. Russland hatte den Schlaf verdient. Das Jahrzehnt des Umbruchs hatte das Land grundlegend verändert und die Gesellschaft einem Mentalitätswandel unterworfen, der den Menschen kolossale Mühen abverlangt hatte."[341]

Putins Rhetorik vom „starken Staat", der „Diktatur des Gesetzes" und der „Vertikale der Macht" entspricht im hohen Maße dem Empfinden der Bevölkerung nach den Jahren der politischen und ökonomischen Umbrüche und der Entleerung der demokratischen Institutionen unter Jelzin. Aufgrund der gemachten Erfahrungen gilt „Demokratie" für viele noch immer als Inbegriff von Willkür und Gesetzlosigkeit. Putins Popularität spiegelt sich auch in dem gestiegenen Vertrauen der Bevölkerung in das Präsidentenamt wider. Während unter Jelzin lediglich durchschnittlich 15 Prozent dem Präsidenten ihr Vertrauen schenkten,[342] waren es wenige Monate nach Putins Inauguration bereits 45 Prozent. Inzwischen liegen die Umfragewerte bei annähernd 60 Prozent. Angesichts des allgemeinen Misstrauens der Bevölkerung gegenüber den staatlichen Institutionen bildet der Präsident den Fixpunkt ihrer Erwartungen und Hoffnungen. Dies mag auch ein Ausdruck der vermeintlichen Präferenz der russischen Bevölkerung für eine starke Führungspersönlichkeit sein.[343]

341 Donath, S. 280.

342 Vgl. Eicher und Beichelt, S. 358.

343 Vgl. ebd., S. 358f; Donath, S. 280.

Tabelle 11: Vertrauen der russischen Bevölkerung in einzelne Institutionen (in Prozent)

	März 1999	September 2000	September 2006
Präsident	3	45	58
Regierung	12	20	19
Parlament	4	10	12
Parteien	3	7	6
Militär	29	35	26
Miliz, Justiz	10	12	14
Staatssicherheit	19	21	23
Gewerkschaften	10	11	11
Medien	22	26	24
Kirchen	36	39	40

Quelle: Umfragen des Levada-Zentrums, in: Forschungsstelle Osteuropa, Nr. 122, S. 6.

Auch wenn die Mehrheit der russischen Bevölkerung der öffentlichen Ordnung Vorrang gegenüber demokratischen Prinzipien einräumt, hat für viele die Idee einer starken politischen Führung nur wenig mit einer Einschränkung der politischen Freiheiten zu tun. So wird auch unter einem „starken Staat" in erster Linie ein „gerechter Staat" verstanden, und in einer Umfrage im Januar 2000 verband fast die Hälfte der Befragten mit dem Begriff der Ordnung „politische und ökonomische Stabilität". Zudem zeigen auch die Befürworter einer „starken Hand" ein deutliches Interesse daran, dass der „starke Führer" durch demokratische Wahlen ins Amt kommt. In Putins autoritärem Regierungsstil wird demzufolge primär ein Mittel zum Zweck gesehen, das vor dem Hintergrund ökonomischer Krisen und eines unzulänglichen Rechtsstaats Unsicherheiten reduziert. Eine autoritäre Führung ohne Beschränkungen und ohne eine demokratische Legitimation wird dagegen mehrheitlich abgelehnt.[344]

Das bedeutet, dass das „System Putin" seinen Zuspruch vor allem durch seinen *output* erfährt. Denn Putin kann nicht nur auf eine größere innenpolitische Stabilität verweisen, sondern auch auf eine wesentlich bessere Wirtschaftlage. Die nach den „Dürrejahren" der Jelzin-Ära erzielten ökonomischen Erfolge werden insbesondere dem Präsidenten zugeschrieben und stärken seinen Nimbus als großer „Lenker" der politischen und wirtschaftlichen Geschicke Russlands. Putin profitiert dabei vor allem von dem Umstand, dass die russische Wirtschaft bereits die Talsohle ihres Niedergangs durchschritten hatte und zu wachsen begann, als er seine

344 Vgl. Eicher und Beichelt, S. 358.

Präsidentschaft antrat. Hinzu kommt, dass der enorme Anstieg der Rohstoffpreise ebenfalls unmittelbar mit seinem Amtsantritt zusammenfiel. Seitdem sorgen vor allem die hohen Erdölpreise für ein kräftiges Wirtschaftswachstum und eine gefüllte Staatskasse.

Der russische Bürger assoziiert den wirtschaftlichen Aufschwung des Landes somit vor allem mit der Politik Putins.[345] Dass sich die wirtschaftliche Lage erheblich verbessert hat, ist für die Bevölkerung etwa in Form steigender Einkommen und gesunkener Inflationsraten spürbar. Staatsbedienstete erhalten wieder regelmäßig ihre Löhne, und auch die Renten werden wieder pünktlich ausgezahlt. Dies alles sind Gründe, die zur Stabilität des Systems wesentlich beitragen. Es handelt sich allerdings eher um eine brüchige Stabilität, da sie im hohen Maße von der wirtschaftlichen Entwicklung des Landes abhängig ist. Auch wenn sich die Wirtschaftslage allgemein verbessert hat, geht der Aufschwung dennoch an vielen vorbei. Lediglich rund ein Drittel der russischen Bevölkerung profitiert vom Ölboom,[346] mehr als 20 Millionen Menschen leben noch immer unter der Armutsgrenze.[347] Die Kluft zwischen Arm und Reich scheint sich sogar zu vergrößern. Die 20 Prozent der Bevölkerung mit dem höchsten Einkommen verfügten im Jahr 2005 über das Achteinhalbfache der 20 Prozent mit dem niedrigsten Einkommen, oder über annähernd das Einkommen der übrigen 80 Prozent der Bevölkerung (Tabelle 12). Das zeigt, dass es im Laufe der Transition nicht zu einer Ausdifferenzierung der Gesellschaft in mehrere Gruppen kam, die auch ihre unterschiedlichen Interessen gegenseitig einhegen und austarieren. Vielmehr führte der Umbruch der sowjetischen Gesellschaft direkt in eine soziale Polarisierung mit einer schwachen Mittelschicht und einer hohen Macht- und Einkommenskonzentration der politischen und ökonomischen Eliten. Die Sozialstruktur und die geringe Machtdispersion legen nahe, dass die sozioökonomi-

345 Vgl. Buhbe, S. 3.

346 Vgl. Neue Zürcher Zeitung, 13.07.2006.

347 Die Angaben variieren. Während die offizielle russische Statistik den Anteil der Bevölkerung mit einem Einkommen unter der Armutsgrenze mit 17,6 Prozent (25,2 Millionen Menschen) beziffert (2004), geht die UN-Statistik von einem Anteil von etwa 30 Prozent (ca. 43 Millionen Menschen) aus. http://hdr.undp.org/hdr2006/statistics/indicators/25.html / http://www.gks.ru/free_doc/2006/b06_13/06-25.htm (02.07.07)

sche Basis für die Entwicklung einer stabilen Demokratie in Russland nur eingeschränkt vorhanden ist.[348]

Tabelle 12: Verteilung der Geldeinkommen (in Prozent)

	1992	1995	2000	2002	2005
Geldeinkommen insgesamt	100	100	100	100	100
Erstes (unterstes) Fünftel	6,0	6,1	5,9	5,6	5,5
Zweites Fünftel	11,6	10,8	10,4	10,4	10,2
Drittes Fünftel	17,6	15,2	15,1	15,4	15,2
Viertes Fünftel	26,5	21,6	21,9	22,8	22,7
Fünftes (oberstes) Fünftel	38,3	46,3	46,7	45,8	46,4
Gini-Koeffizient der Einkommen	0,289	0,387	0,395	0,398	0,404

Quelle: Rosstat, S. 114.

Die politische Führung sieht in erster Linie im Wirtschaftswachstum den Schlüssel zur Überwindung der Armut. Sie weiß, dass ohne eine Verbesserung der sozialen Lage die Loyalität der Bevölkerung dem System gegenüber nicht gefestigt werden kann.[349] Wie wichtig dieser Aspekt ist, zeigen etwa die Massenproteste, welche der Umbau des Sozialsystems auslöste. Durch die „Orangene Revolution" in der Ukraine alarmiert, versuchte der Kreml mit einer Erhöhung der Renten und Pensionen sowie durch Steuererleichterungen dem Unmut auf der Straße entgegenzuwirken. Zur Finanzierung dieser Maßnahmen wurde auch das erste Mal der Stabilitätsfonds angezapft.[350] Auch die vom Staat initiierten „Nationalen Projekte" sollen zumindest für eine Linderung der brisantesten sozialen Missstände sorgen. Putins Regime ist somit vor allem von einem weiterhin hohen Wirtschaftswachstum abhängig. Eine Grundvoraussetzung dafür bildet der Rohstoffexport. Ein dauerhafter Rückgang der Rohstoffpreise hätte wahrscheinlich einen drastischen Wachstumsrückgang und ein Defizit des Staatshaushalts zur Folge. Eine Destabilisierung des Systems

---

348 Vgl. Eicher und Beichelt, S. 329ff. Nach *Lipset* entscheidet die Sozialstruktur (die „sozialen Requisiten") über die Verwirklichungschancen von Demokratie, als deren Träger die Mittelschicht einer Gesellschaft angesehen wird. *Vanhanen* vertritt die Ansicht, dass eine ungleichmäßige Verteilung von Macht und Ressourcen die Herausbildung einer pluralistischen Demokratie hemme, vgl. ebd.

349 Vgl. Fruchtmann, S. 153ff.

350 Vgl. Frankfurter Allgemeine Zeitung, 03.07.2004; Schulze (2005), S. 213.

wäre, da es sich insbesondere über das *output* legitimiert, dann nicht auszuschließen.[351]

Putins allgemeine Popularität beruht nicht zuletzt auf „psychologischen Faktoren“. Er hat dem Land nicht nur politische Stabilität beschert, sondern es auch außenpolitisch wieder zu Größe und Ansehen geführt. Nach dem Zerfall der Sowjetunion und dem Verlust des Weltmachtstatus' ist Russland nun als „Energiegroßmacht“ (*ėnergetičeskoe velikoderžavie*)[352] auf die internationale Bühne zurückgekehrt. Das ist Balsam für die russische Seele, die sich in den letzten Jahren so viel gefallen lassen musste, etwa die NATO-Osterweiterung oder ein Vordringen der USA in das von Moskau beanspruchte „Nahe Ausland“. Es ist aber auch die Person Putin selbst, die Sympathien in der Bevölkerung weckt: Im Ausland ist Putin ein geachteter Staatsmann und zuhause - je nach Bedarf und Präferenz - erscheint er als fürsorglicher Landesvater, Nationalist, Liberaler (mithin auch Demokrat) oder autoritärer Regent. Aufgrund dieser Putin'schen Vielseitigkeit heißt es auch nach sieben Jahren Amtszeit: *„Who is Mister Putin“?*[353]

Tabelle 13: Soziale Indikatoren

	2002	2003	2004	2005	2006
Wachstum des real verfügbaren Einkommens in Prozent	11,1	14,9	9,9	8,8	10,0
Reales Einkommenswachstum in Prozent	16,2	10,9	10,6	10,0	13,5
Durchschnittliches Einkommen in USD	138,6	179,40	237,2	301,6	402,0
Arbeitslosigkeit in Prozent (ILO Definition)	8,1	8,6	8,2	7,6	k.A.

Quelle: World Bank: Russian Economic Report, Dezember 2006, S. 11; Zahlen für 2006: RIA Novosti, 26.01.2007.

2.2.4 Das neue Primat der Politik über die Ökonomie

Im Frühjahr 2000 nahm Putin das unter der Federführung von Wirtschaftsminister German Gref erarbeitete umfangreiche Programm zur Neuorientierung der Wirtschaftspolitik an. Das Pro-

351 Vgl. Vogel, S. 21.

352 Vgl. Moskovskie Novosti, 26.05.2006.

353 Vgl. Mommsen, S. 179

gramm zeigte deutlich, dass die Durchsetzung ordnungspolitischer Maßnahmen zur festeren Verankerung der Marktwirtschaft in Russland eine größere Rolle einnehmen sollte als bisher. Als Ziele wurden etwa die Verbesserung der Eigentumsrechte, eine Steuerreform und eine Reform der Verwaltungsstrukturen genannt.[354] Das Programm sowie die Einsetzung Grefs als Wirtschaftsminister ließen die Annahme zu, dass die Wirtschaftsliberalen noch immer eine zentrale Position in der Ausarbeitung der Politik einnahmen.[355] Die Stärkung des föderalen Zentrums stand durchaus nicht im Widerspruch zu den liberalen Vorsätzen, hatte doch der russische Wirtschaftsraum unter Jelzin seine Einheitlichkeit verloren. Besonders die rohstoffreichen Regionen errangen auf der Basis ihrer ökonomischen Stärke eine große Autonomie. Die Errichtung der „Machtvertikale" vom Zentrum in die Regionen wurde daher als ein Mittel zur Implementierung der wichtigen Strukturreformen betrachtet.[356]

Inzwischen verdichten sich jedoch die Anzeichen, dass der Kreml die weitere wirtschaftliche Entwicklung von der demokratischen Entwicklung des Landes abzukoppeln beabsichtigt. Eine autoritäre Modernisierung, wie sie die ostasiatischen Tigerstaaten vorexerzierten, scheint an Attraktivität zu gewinnen. Mit einer nachholenden Modernisierung „von oben" würde die politische Führung ganz in der Tradition früherer Machthaber im Kreml stehen – sowohl in der vorrevolutionären Ära als auch danach.[357]

Hatte Putin anfänglich noch wichtige Reformen auf den Weg gebracht, wie etwa die Steuerreform, so ließ sein Reformwillen bereits gegen Ende der ersten Amtszeit spürbar nach.[358] Das „Gref-Programm" sah insbesondere die Förderung des Wettbewerbs durch den Abbau der Monopole vor. Geplant war unter anderem eine Aufteilung des Gasmonopolisten Gazprom. Nunmehr ist keine Rede mehr davon. Im Gegenteil, Gazprom darf durch den Kauf von Konkurrenten sein Monopol sogar noch weiter ausbauen, denn der Kreml hat den Konzern als politisches Instrument für sich entdeckt. Gazprom findet so in vielfältiger Hinsicht Verwendung, besonders in der Wirtschafts- und Sozialpolitik oder als Financier von Wahlkämpfen. Auch in den internationalen Bezie-

354 Vgl. Höhmann, S. 22.

355 Vgl. Sutela (2005), S. 38.

356 Vgl. Götz (2/2003).

357 Vgl. Schulz (2004), S. 165.

358 Vgl. Sutela (2005), S. 54.

hungen dient das Unternehmen den Interessen Moskaus. Gazprom ist mit einer Marktkapitalisierung von 250 Milliarden US-Dollar das drittgrößte börsennotierte Unternehmen der Welt. Und Gazprom soll weiter wachsen, weshalb ausländische Energiekonzerne systematisch aus der Erdgasförderung in Russland verdrängt werden. Dabei nimmt der Staat auch keine Rücksicht auf bestehende Verträge. Unter Angabe von zweifelhaften Gründen werden diese von russischer Seite gelöst.[359]

Der verstärkte Zugriff des Staates auf Energieressourcen und Energiewirtschaft ist unverkennbar. Dies verwundert nicht, hat doch Putin bereits in seiner Dissertation dargelegt, welche Bedeutung er den Rohstoffen für die Entwicklung Russlands zuschreibt. Für ihn bilden sie neben der Schaffung eines starken Staates die Grundlage für die Modernisierung des Landes. Und die Voraussetzung für die staatliche Nutzung der Naturreichtümer bildet die Kontrolle über sie.[360] Während der Erdgassektor durch den Staat dominiert wird, befindet sich der Erdölsektor trotz der Einverleibung von Juganskneftegas und Sibneft durch Rosneft beziehungsweise Gazprom weiterhin überwiegend im privaten Besitz. Der Staat partizipiert hier vor allem über eine umfangreiche Besteuerung an den Rohstoffrenten.

Nicht nur im Energiesektor, sondern auch in anderen Industriebranchen, die als strategisch erachtet werden, möchte der Staat seinen Einfluss verstärken. Dabei setzt er verstärkt auf den Zusammenschluss von Unternehmen unter seiner Führung. Von den Zusammenschlüssen verspricht sich die politische Führung nicht zuletzt auch Synergieeffekte, die die Wettbewerbsfähigkeit einzelner Branchen auf dem Weltmarkt erhöhen sollen. Zudem werden privatwirtschaftliche Unternehmen, die strategische Bedeutung besitzen, durch staatliche Industriekonglomerate erworben und in diese eingegliedert. Auf diese Weise will sich der Staat die Kontrolle über jene Firmen dauerhaft sichern. Verstaatlichungstendenzen zeigen sich besonders in rüstungsnahen Bereichen, wo der

---

359 Vgl. Handelsblatt, 06.02.2007. Gazprom beschäftigt 247.800 Mitarbeiter. 39 Prozent des Unternehmens liegen außerhalb des Energiesektors. Eine große Zahl der Tochterunternehmen wurde aus politischen Gründen erworben und beeinträchtigt die Bilanz des Konzerns, vgl. ebd., The Moscow Times, 06.06.2006.

360 Eine Zusammenfassung seiner Arbeit trägt den Titel: „Mineral'nosyr'evye resursy v strategii razvitija rossijskoj ėkonomiki" (Mineralische Rohstoffressourcen in der Strategie zur Entwicklung der russischen Wirtschaft).

staatliche Waffenhandelskonzern Rosoboronexport eine gewichtige Rolle beim Erwerb anderer Firmen spielt. Im Flugzeugbau soll durch die Zusammenführung der verschiedenen Hersteller die Innovationskraft dieser Branche gestärkt werden. 2006 wurde durch die Regierung eine Gesellschaft gegründet, unter deren Dach alle staatlichen und privaten Flugzeughersteller vereinigt werden. Zwei Drittel dieses Unternehmens befinden sich in Staatsbesitz.[361]

Aus Putins Sicht bedingen ein starker Staat und eine starke Wirtschaft einander,[362] weswegen er die politischen und wirtschaftlichen Strukturen nach seinen Prämissen zu formen versucht. Das Ziel ist nicht nur eine „gelenkte Demokratie", sondern auch eine „gelenkte Wirtschaft", die sich den Interessen des Staates unterordnet. Da die weitere Entwicklung der russischen Wirtschaft vor allem von ihrer Innovationsfähigkeit abhängig sein wird, stellt sich die Frage, ob eine staatskapitalistisch-interventionistische Vorgehensweise die entsprechenden Rahmenbedingungen dafür zu schaffen in der Lage ist. Auch besitzt die politische Führung bei der Umsetzung ihrer Wirtschaftskonzepte mächtige Gegenspieler, vor allem die allgegenwärtige Bürokratie und die Korruption.

3. Fazit

Russland offenbart viele Gemeinsamkeiten mit anderen rohstoffreichen Staaten, ohne jedoch als klassischer Ressourcenstaat bezeichnet werden zu können. Die russische Wirtschaft wächst, aber das paradoxe Verhältnis von Rohstoffreichtum und seinen (potentiell) negativen Nebeneffekten wird auch hier deutlich sichtbar. Die Rohstofflastigkeit der Wirtschaft nahm in den letzten Jahren weiter zu, während *Dutch disease*-Effekte gegen eine - angestrebte - Diversifizierung arbeiten. Wie in den typischen Ressourcenstaaten auch, ist nur ein äußerst geringer Teil der Gesellschaft in die Generierung der Rohstoffrente involviert. Die Priorität, die die russische Führung der Stabilität der makroökonomischen Rahmenbedingungen einräumt, zeigt aber, dass Russland von den Erfahrungen anderer Länder gelernt hat. Der russische Staat begreift den Naturreichtum als Chance zur Modernisierung des Landes und zur Verbesserung der allgemeinen Lebensbedingungen.

---

361 Vgl. Götz (2006/06), S. 6.

362 Vgl. Fruchtmann, S. 160.

Auf der anderen Seite sieht die russische Führung in den Rohstoffen vor allem die Basis für einen sowohl innen- wie außenpolitisch starken Staat, weshalb sie die Kontrolle über die lukrativen Energierohstoffe wieder intensiviert. Die Rezentralisierung der föderalen Strukturen im Verbund mit dem Ausbau der staatlichen Kontrolle unter Putin waren hierfür wichtige Voraussetzungen. Der russische Staat ist nun gegenüber früheren Jahren optimal positioniert, um einen wesentlichen Teil der Rohstoffrenten abschöpfen zu können.

Die Stärkung der Autorität des Staates ging zu Lasten von Demokratie und bürgerlichen Rechten, worüber der Euphemismus von der „gelenkten Demokratie" nicht hinwegtäuschen kann. Die ausgeweitete staatliche Kontrolle über Wirtschaft und Gesellschaft findet ihren Niederschlag nicht zuletzt im „Aufblühen" der staatlichen Sicherheitsorgane. Unter Putins Führung haben die Geheimdienste ihren Einfluss zurückgewonnen und besetzen nun wichtige Posten in Staat und Wirtschaft. Elemente der Zivilgesellschaft wurden dagegen systematisch zurückgedrängt; der Staat nahm zunehmend Züge eines Kontroll- und Aufsichtsstaats an.

Die Parallelen des politischen Systems Russlands unter Putin zu den im Theorieteil dargelegten Eigenschaften von Rentierstaaten sind teilweise frappierend. Dennoch kann Russland nicht als ein „typischer" Rentierstaat gelten, in dem die Rohstoffrenten Wirtschaft, Gesellschaft und politisches System durchweg bestimmen. Die russische Gesellschaft hängt nicht ausschließlich am Tropf eines Staates, der die Renteneinnahmen „nach unten" verteilt. Zudem sind trotz der Dominanz des Rohstoffsektors die anderen Industrien in Russland noch immer ein wichtiger Teil der Wirtschaft, in dem viele ihre Beschäftigung finden. Auch ist ein direkter Zusammenhang zwischen den Rohstoffrenten und der Herausbildung des Putin'schen politischen Systems nicht nachweisbar. Wohl aber begünstigen die hohen Devisenzuflüsse die Umsetzung seiner Politik. Unterstützung findet Putin in der Bevölkerung insbesondere durch die verbesserte Wirtschaftslage, die zu einem großen Teil dem Rohstoffexport geschuldet ist. Insoweit findet die Hypothese von Smith[363] Bestätigung, wonach bestehende „autoritäre Systeme" durch die Renteneinnahmen stabilisiert werden können. Bei der Frage nach dem Ursprung der spezifischen Besonderheiten des gegenwärtigen politischen Systems müssen aber auch historische, kulturelle und sozioökonomische

363 Siehe Seite 34 in der vorliegenden Arbeit.

Bedingungen in Betracht gezogen werden. Wie bereits festgestellt wurde, beeinträchtigt die überaus große soziale Ungleichheit in Russland die Herausbildung stabiler demokratischer Strukturen. Und in Russland ist es besonders der Zugriff auf die Rohstoffe, der entscheidend zur Polarisierung der Gesellschaft und zur Verfestigung der Ungleichheitsstrukturen beigetragen hat.

Abkürzungsverzeichnis

BIP	Bruttoinlandsprodukt
BOFIT	Bank of Finland: Institut for Economics in Transition
FSB	Federal'naja služba bezopasnosti (Föderaler Sicherheitsdienst)
GUS	Gemeinschaft Unabhängiger Staaten
HIV	Human immunodeficiency virus
KGB	Komitet gosudarstvennoj bezopasnosti (Komitee für Staatssicherheit)
KMU	Kleine und mittlere Unternehmen
NATO	North Atlantic Treaty Organisation
NGO	Non-governmental organisation
NTV	Nezavisimoe Televidenie (Unabhängiges Fernsehen)
OECD	Organisation for Economic Cooperation an Development
OPEC	Organisation of Petroleum-Exporting Countries
ORT	Obščestvennoe Rossijskoe Televidenie (Erstes Russisches Fernsehen)
RIA Novosti	Rossijskoe informacionnoe agentstvo Novosti (Russische Nachrichtenagentur Novosti)
UdSSR	Union der sozialistischen Sowjetrepubliken

VZIOM	Vserossijskij centr izučenija obščestvennogo mnenija (Allrussisches Zentrum zur Erforschung der öffentlichen Meinung)
WTO	World Trade Organisation

Verzeichnis der Abbildungen, Diagramme und Tabellen

Literaturverzeichnis

Abdel-Fadil, Mahmoud: The Macro-Behaviour of Oil-Rentier States in the Arab Region, in: Beblawi, Hazem; Luciani, Giacomo (Hrsg.): The Rentier State - Nation, State and Integration in the Arab World, Volume II, New York: Croom Helm 1987, S. 83-107.

Ahrend, Rudiger: How to Sustain Growth in a Resource Based Economy? The Main Concepts and their Application to the Russian Case, OECD, Economics Department Working Papers No. 478, 2006. http://www.olis.oecd.org/olis/2006doc.nsf/43bb6130e5e86e5fc12569fa005d004c/26b99deae2340addc1257116005a6c04/$FILE/JT00200755.PDF (14.07.06)

Alemann, Ulrich von: Politische Korruption: Ein Wegweiser zum Stand der Forschung, in: Alemann, Ulrich von (Hrsg.): Dimensionen politischer Korruption. Beiträge zum Stand der internationalen Forschung, Politische Vierteljahresschrift, Sonderheft 35/2005, Wiesbaden: Verlag für Sozialwissenschaften 2005, S. 13-49.

Auty, Richard M.: Resource-Based Industrialization: Sowing the Oil in Eight Developing Countries, Oxford: Oxford University Press 1990.

Auty, Richard M.; Mikesell, Raymond F.: Sustainable Development in Mineral Economies, Oxford: Oxford University Press 1998.

Auty, Richard M.: Introduction and Overview, in: Auty, Richard M. (Hrsg.): Resource Abundance and Economic Development, Oxford: Oxford University Press 2001, S. 3-16.

Auty, Richard M.; Gelb, Alan H.: Political Economy of Resource-Abundant States, in: Auty, Richard M. (Hrsg.): Resource Abundance and Economic Development, Oxford: Oxford University Press 2001

Auty, Richard M.; Kiiski, Sampsa: Natural Resources, Capital Accumulation, Structural Change, and Welfare, in: Auty, Richard M. (Hrsg.): Resource Abundance and Economic Development, Oxford: Oxford University Press 2001, S. 19-35.

Auty, Richard M.: Russia: The Political Economy of Transition in a Mineral Economy, in: Murshed, S. Mansoob (Hrsg.): Issues in Positive Political Economy, London: Routledge 2002, S. 39-56.

Bank of Finland, Institut for Economies in Transition (BOFIT), BOFIT Weekly 3/2007. http://www.bof.fi/bofit/eng/3weekly/w07/w032007.pdf (10.02.07)

Bank of Finland, Institut for Economies in Transition (BOFIT), Russia Review 12/2006. http://www.bof.fi/bofit/fin/4ruec/pdf06/brr1206.pdf (14.12.06)

Bank of Finland, Institut for Economies in Transition (BOFIT), Russia Review 11/2006. http://www.bof.fi/bofit/fin/4ruec/pdf06/brr1106.pdf (14.12.06)

Beblawi, Hazem: The Rentier State in the Arab World, in: Beblawi, Hazem; Luciani, Giacomo (Hrsg.): The Rentier State - Nation, State, and Integration in the Arab World, Volume II, New York: Croom Helm 1987, S. 49-62.

Beblawi, Hazem; Luciani, Giacomo: Introduction, in: Beblawi, Hazem; Luciani, Giacomo (Hrsg.): The Rentier State - Nation, State, and Integration in the Arab World, Volume II, New York: Croom Helm 1987, S. 1-21.

Birdsall, Nancy; Pinckney, Thomas; Sabot, Richard: Natural Resources, Human Capital, and Growth, in: Auty, Richard M.: Introduction and Overview, in: Auty, Richard M. (Hrsg.): Resource Abundance and Economic Development, Oxford: Oxford University Press 2001, S. 57-75.

BP Statistical Review of World Energy, June 2006. http://www.bp.com/liveassets/bp_internet/globalbp/globalbp_uk_english/reports_and_publications/statistical_energy_review_2006/STAGING/local_assets/downloads/spreadsheets/statistical_review_full_report_workbook_2006.xls (13.01.07)

Buchanan, James M.: Rent Seeking and Profitseeking, in: Buchanan, James M.; Tollison, Robert D.; Tullock, Gordon (Hrsg.): Toward a Theory of the Rent-Seeking Society, College Station: Texas A & M University Press 1980, S. 3-15.

Clement, Hermann: Wirtschaftsboom statt Krise. Rußlands Aufschwung unter der Lupe, in: Osteuropa, 56. Jg., 5/2006, S. 19-38. http://www.weltpolitik.net/attachment/0644a930ba1074b5cca2acd4809cbed5/7e9159c15eed94380be8866c81a78099/OE+5+2006+III+S.+19-38.pdf (14.01.07)

Clement, Hermann: Der Beitrag der Außenwirtschaft zum russischen Aufschwung, in: Höhmann, Hans-Hermann; Pleines, Heiko; Schröder, Hans-Henning (Hrsg.): Nur ein Ölboom? Bestimmungsfaktoren und Perspektiven der russischen Wirtschaftsentwicklung, Münster: LIT Verlag 2005, S. 57-73.

Cooper, Julian: Developments in the Russian Arms Industry, in: SIRPI Yearbook, Oxford: University Press 2006, S. 431-448.

Cordon, W. Max: Booming Sector and Dutch Disease Economics: Survey and Consolidation, in: Oxford Economic Papers, 36, 1984, S. 359-380.

Cordon, W. Max; Neary, J. Peter: Booming Sector and De-Industrialisation in a Small Open Economy, in: The Economic Journal, 92 (1982), S. 825-848.

Cordonnier, Christophe: Russia: Natural Resource Rent and Competitiveness, Russian-European Centre for Economic Policy, Moskau 2005.
http://www.recep.ru/files/documents/A_quasi_rent_economy_en.pdf (23.01.07)

Donath, Klaus-Helge: Putins Russland und die zivile Gesellschaft - Putin in ziviler Gesellschaft?, in: Gorzka, Gabriele; Schulze, Peter W. (Hrsg.): Wohin steuert Russland unter Putin? Der autoritäre Weg in die Demokratie, Frankfurt a.M.: Campus 2004, S. 279-299.

Drobyševskij, S; Kozlovskaja, A.; Trunin, P.: Vybor Denežno-Kreditnoj Politiki v Strane - Ėksportere Nefti (Die Wahl der Geld- und Kreditpolitik in einem Erdöl exportierenden Land). Naučnye Trudy No. 77P, Moskva: Institut Ėkonomiki Perechodnogo Perioda 2005.

Eicher, Claudia; Beichelt, Timm: Russland: Stabilisierung einer delegativen Demokratie, in: Merkel, Wolfgang; Puhle, Hans-Jürgen; Croissant, Aurel, Thiery, Peter: Defekte Demokratien, Band 2: Regionalanalysen, 1. Auflage Wiesbaden: Verlag für Sozialwissenschaften 2006.

Energie in Zahlen. BP Statistical Review of World Energy, Juni 2006.
http://129.13.251.54/cvt/dl/stubil/BP_World_Energy_Review.pdf (04.12.06)

Federal'naja služba gosudarstvennoj statistiki (Rosstat): Rossija v cifrach 2006. Kratkij statističeskij sbornik, Moskva 2006.

Forschungsstelle Osteuropa: Russlandanalysen, Nr. 122, 2006.
http://www.russlandanalysen.de/content/media/Russlandanalysen122.pdf (13.01.07)

Forschungsstelle Osteuropa: Russlandanalysen, Nr. 117, 2006.

http://www.russlandanalysen.de/content/media/Russlandanalysen117.pdf (05.02.07)

Forschungsstelle Osteuropa: Russlandanalysen, Nr. 97. http://www.russlandanalysen.de/content/media/Russlandanalysen97.pdf (05.02.07)

Forschungsstelle Osteuropa: Russlandanalysen, Nr. 96, 2006. http://www.russlandanalysen.de/content/media/Russlandanalysen96.pdf (05.02.07)

Fruchtmann, Jakob: Putins wirtschaftspolitische Konzeption, in: Höhmann, Hans-Hermann; Pleines, Heiko; Schröder, Hans-Henning (Hrsg.): Nur ein Ölboom? Bestimmungsfaktoren und Perspektiven der russischen Wirtschaftsentwicklung, Münster: LIT Verlag 2005, S. 151-168.

Gajdar, Egor: Gibel' Imperii. Uroki dlja sovremennoj Rossii, Moskva: Rossijskaja političeskaja ėnciklopedija 2006.

Gelb, Alan H. and Associates: Oil Windfalls: Blessing or Curse?, Published for the World Bank, Oxford: Oxford University Press 1988.

Götz, Roland: Russlands Wirtschaftsentwicklung. Abhängigkeit vom Ölpreis oder der staatlichen Politik, Diskussionspapier SWP, FG 5 2006/06, Juni 2006. http://www.swp-berlin.org/common/get_document.php? asset_id=3035 (14.01.07)

Götz, Roland: Russlands Ressourcen: Auswirkungen auf die inneren Verhältnisse und die Außenwirkungen, Diskussionspapier Stiftung Wissenschaft und Politik (SWP), FG 5 2006/02, März 2006. http://www.swp-berlin.org/de/common/get_document.php?asset_id=2853 (14.01.07)

Götz, Roland: Rußlands Erdöl und der Welterdölmarkt. Trends und Prognosen, SWP-Studie, 2005. http://www.swp-berlin.org/de/common/get_document.php?asset _id=2679 (23.01.07)

Götz, Roland: Rußland: Eine Liberale Marktwirtschaft in autoritärem Umfeld, SWP, 1/2004. http://www.swp-berlin.org/common/get_document.php?id=797&PHPSESSID=ef3 0883d5ee28cfa607a6562250ba6d0 (16.05.04)

Götz, Roland: Rußland am Beginn von Putins zweiter Amtszeit, SWP, 2/2004. http://www.swp-berlin.org/de/common/get_document.php?asset_id=1135&PHPS ESSID= (11.02.07)

Götz, Roland: Die russische Energiewirtschaft und die Energieversorgung Europas, in: Gorzka, Gabriele; Schulze, Peter W. (Hrsg.): Wohin steuert Russland unter Putin? Der autoritäre Weg in die Demokratie, Frankfurt a.M.: Campus 2004, S. 87-115.

Götz, Roland: Rußland und seine Unternehmer. Der Fall Chodorkowskij, SWP-Aktuell 45, 2003. http://www.swp-berlin.org/common/get_document.php?id=467&PHPSESSID=ef3 0883d5ee28cfa607a6562250ba6d0 (30.01.07)

Gylfason, Thorvaldur: Lessons from the Dutch Disease: Causes, Treatment, and Cures, 2001. http://www.ioes.hi.is/publications/wp/w0106.pdf (16.07.06)

Gylfason, Thorvaldur: Institutions, Human Capital, and Diversification of Rentier Economies 2005. http://www.hi.is/~gylfason/_private/Bonn%20Paper%202005%20Rev%20IOES. pdf (16.07.06)

Harter, Stefanie; Grävingholt, Jörn; Pleines, Heiko; Schröder; Hans-Henning: Geschäfte mit der Macht. Wirtschaftseliten als politische Akteure im Rußland der Transformationsphase 1992-2001, Bremen: Edition Temmen 2003.

Haensel, Paul: Die Wirtschaftspolitik Sowjetrusslands, Tübingen: J.C.B. Mohr 1930.

Hellman, Joel S.; Jones, Geraint; Kaufmann, Daniel: "Seize the State, Seize the Day". State Capture, Corruption, and Influence in Transition, Policy Research Working Paper 2444, The World Bank September 2000. http://www.worldbank.org/wbi/governance/pdf/seize_synth.pdf (16.07.06)

Höhmann, Hans-Hermann: Dimensionen und Ursachen des Aufschwungs, in: Höhmann, Hans-Hermann; Pleines, Heiko; Schröder, Hans-Henning (Hrsg.): Nur ein Ölboom? Bestimmungsfaktoren und Perspektiven der russischen Wirtschafts-entwicklung, Münster: LIT Verlag 2005, S. 15-33.

International Monetary Fund (IMF): Country Report 06/430 December 2006. http://www.imf.org/external/pubs/ft/scr/2006/cr06430.pdf (13.12.06)

International Monetary Fund: Guide on Resource Revenue Transparency, June 2005.

http://www.imf.org/external/pubs/ft/grrt/eng/060705.pdf (15.07.06)

Juurikkala, Tuuli; Ollus, Simon-Erik: Russian Energy Sector - Prospects and Implications for Russian Growth, Economic Policy and Energy Supply, Bank of Finland, Institut for Economies in Transition, No. 4, 2006. http://www.energia.fi/attachment.asp?Section=2122&Item=19083 (23.01.07)

Karl, Terry Lynn: Paradox of Plenty: Oil Booms and Petro-States, Berkeley and Los Angeles: University of California Press 1997.

Karl, Terry Lynn: The Perils of the Petro-State: Reflections on the Paradox of Plenty, in: Journal of International Affairs, 53, 1999, S. 31-48.

Keefer, Philip: What does Political Economy tell us about Economic Development - and vice versa? World Bank Policy Resaerch Paper 3250, 2004. http://www-wds.worldbank.org/servlet/WDSContentServer/WDSP/IB/2004/04/20/000009486_20040420165512/Rendered/PDF/wps3250political.pdf (11.11.2006)

Krueger, Anne O.: The Political Economy of the Rent-Seeking Society, in: The American Economic Review, 64, 1974, S. 291-303.

Kryschtanowskaja, Olga: Anatomie der russischen Elite. Die Militarisierung Russlands unter Putin, 1. Auflage, Köln: Verlag Kiepenheuer und Witsch 2005.

Kusznir, Julia: Regionale Wirtschaftsautonomie im russischen Föderalismus. Eine Fallstudie zur Erdölindustrie Tatarstans (erscheint in Kürze in: Osteuropa-Wirtschaft).

Kusznir, Julia: Wirtschaftsakteure in der regionalen Politik. Das Beispiel der Erdölindustrie, in: Höhmann, Hans-Hermann; Pleines, Heiko; Schröder, Hans-Henning (Hrsg.): Nur ein Ölboom? Bestimmungsfaktoren und Perspektiven der russischen Wirtschaftsentwicklung, Münster: LIT Verlag 2005, S. 185-208.

Lam, Ricky; Wantchekon, Leonard: Political Dutch Disease, 2003. http://www.nyu.edu/gsas/dept/politics/faculty/wantchekon/research/lr-04-10.pdf (15.07.06)

Lambsdorff, Johann Graf: Corruption and Rent-Seeking, in: Public Choice, 113 (1/2), 2002, S. 97-125.

Lambsdorff, Johann Graf: Wieso schadet Korruption?, in: Alemann, Ulrich von (Hrsg.): Dimensionen politischer Korruption. Beiträge zum Stand der internationalen Forschung, Politische Vierteljahresschrift, Sonderheft 35/2005, Wiesbaden: VS Verlag für Sozialwissenschaften 2005, S. 233-248.

Leite, Carlos; Weidmann, Jens: Does Mother Nature Corrupt? Natural Resources, Corruption, and Economic Growth, IMF Working Paper 99/85, 1999. http://www.imf.org/external/pubs/ft/wp/1999/wp9985.pdf (16.07.06)

Lenin, Vladimir I.: Der Imperialismus als höchstes Stadium des Kapitalismus (Gemeinverständlicher Abriss), Stuttgart: Verlag das neue Wort 1947.

Lipset, Seymour Martin: Some Social Requisites of Democracy, in: American Political Science Review, 53 (1), 1959, S. 69-105.

Luciani, Giacomo: Allocation vs. Production States: A Theoretical Framework, in: Beblawi, Hazem; Luciani, Giacomo (Hrsg.): The Rentier State - Nation, State, and Integration in the Arab World, Volume II, New York: Croom Helm 1987, S. 63-82.

Mahdavy, Hossein: The Patterns and Problems of Economic Development in Rentier States: The Case of Iran, in: Cook, M. A. (Hrsg.): Studies in the Economic History of the Middle East, Oxford: Oxford University Press 1970, S. 428-467.

Maravall, José María: Regimes, Politics, and Markets: Democratization and Economic Change in Southern and Eastern Europe, Oxford: Oxford University Press 1997.

Matsuyama, Kiminori: Agricultural Productivity, Comparitive Advantage, and Economic Growth, in: Journal of Economic Theory, 58, 1992, S. 317-334.

Mauro, Paolo: Corruption and Growth, in: The Quarterly Journal of Economics, 110 (3), 1995, S. 681-712.

Mehlum, Halvor; Moene, Karl; Torvik, Ragnar: Cursed by resources or institutions? 2005. http://www.svt.ntnu.no/iso/Ragnar.Torvik/ej_march05.pdf (14.07.06)

Mommsen, Margareta: Einflussgruppen in der russischen Exekutive, in: Höhmann, Hans-Hermann; Pleines, Heiko; Schröder, Hans-Henning (Hrsg.): Nur ein Ölboom? Bestimmungsfaktoren und Perspektiven der russischen Wirtschaftsentwicklung, Münster: LIT Verlag 2005, S. 169-184.

Mommsen, Margareta: Das politische System Rußlands, in: Ismayr, Wolfgang (Hrsg.): Die politischen Systeme Osteuropas, 2., aktualisierte und überarbeitete Auflage, Opladen: Leske und Budrich 2004, S. 373-427.

Mommsen, Margareta: Russlands politisches System des „Superpräsidentialismus", in: Höhmann, Hans-Hermann; Schröder, Hans-Henning (Hrsg.): Russland unter neuer Führung. Politik, Wirtschaft und Gesellschaft am Beginn des 21. Jahrhunderts, Münster: Agenda 2001, S. 44-54.

Morrison, Kevin: Oil, Non-Tax Revenue, and Regime Stability: The Political Resource Curse Reexamined, 2005. http://www.ces.fas.harvard.edu/conferences/Morrison.pdf (16.07.06)

North, Douglass: Institutionen, institutioneller Wandel und Wirtschaftsleistung, Tübingen: J.C.B. Mohr 1992.

Nußberger, Angelika: Fiktion Rechtsstaat: Zur aktuellen Entwicklung in Russland, in: Höhmann, Hans-Hermann; Schröder, Hans-Henning (Hrsg.): Russland unter neuer Führung. Politik, Wirtschaft und Gesellschaft am Beginn des 21. Jahrhunderts, Münster: Agenda 2001, S. 211-225.

Obinger, Herbert: Die Politische Ökonomie des Wirtschaftswachstums, in: Obinger, Herbert; Wagschal, Uwe; Kittel, Bernhard: Politische Ökonomie, Demokratie und wirtschaftliche Leistungsfähigkeit, Opladen: Leske und Budrich 2003, S. 113-149.

Okruhlik, Gwenn: Rentier States, Unruly Law, and the Rise of Opposition: The Political Economy of Oil States, in: Comparative Politics, 31 (3), 1999, S. 295-305.

Olson, Mancur: The Rise and Decline of Nations. Economic Growth, Stagflation, and Social Rigidities, New Heaven and London: Yale University Press 1982.

Olson, Mancur: Macht und Wohlstand. Kommunistischen und kapitalistischen Diktaturen entwachsen, Tübingen: J.C.B. Mohr (Paul Siebeck) 2002.

Orrtung, Robert: Business-State Relations in Russia, in: Russian Analytical Digest, 08/2006. http://www.res.ethz.ch/analysis/rad/ (31.01.2007)

Pinto, M. Pablo; Timmons, Jeffrey F.: The Political Determinants of Economic Performance. Political Competition and the Sources of Growth, in: Comparative Political Studies, 38 (1), 2005, S. 26-50.

Pleines, Heiko: Informalisierung statt Institutionalisierung von Reformen. Zur Kontrolle von Korruption, in: Höhmann, Hans-Hermann; Pleines, Heiko; Schröder, Hans-Henning (Hrsg.): Nur ein Ölboom? Bestimmungsfaktoren und Perspektiven der russischen Wirtschaftsentwicklung, Münster: LIT Verlag 2005, S. 247-258.

Przeworski, Adam; Limongi, Fernando: Political Regimes and Economic Growth, in: Journal of Economic Perspectives, 7 (3), 1993, S. 51-69.

Przeworski, Adam; Alvarez; Michael E.; Cheibub, José Antonio; Limongi, Fernando: Democracy and Development: Political Institutions and Wellbeing in the World, 1950-1990, Cambridge: Cambridge University Press 2000.

Putin, Vladimir: Mineral'nosyr'evye resursy v strategii razvitija rossijskoj ėkonomiki (Mineralische Rohstoffressourcen in der Strategie zur Entwicklung der russischen Wirtschaft), 2000. http://www.rus-stat.ru/stat/1062000_2.pdf

Robinson, James A.; Torvik, Ragnar; Verdier, Thierry: Political Foundations of the Resource Curse, 2005. http://www.svt.ntnu.no/iso/Ragnar.Torvik/bardhanjde.pdf (14.07.06)

Renz, Bettina: Die Silowiki in der russischen Politik: Politische Strategie oder Produkt des Systems?, in: Forschungsstelle Osteuropa: Russlandanalysen, Nr. 117, 2006, S. 2-4. http://www.russlandanalysen.de/content/media/Russlandanalysen117.pdf (05.02.07)

Ross, Michael L.: The Political Economy of the Resource Curse, in: World Politics, 51, 1999, S. 297-322.

Ross, Michael L.: Does Oil Hinder Democracy?, in: World Politics 53, 2001, S. 325-361.

Schmid, Claudia: Rente und Rentier-Staat: Ein Beitrag zur Theoriengeschichte, in: Boeckh, Andreas; Pawelka, Peter (Hrsg.): Staat, Markt und Rente in der internationalen Politik, Opladen: Westdeutscher Verlag 1997, S. 28-50.

Schmidt, Diana: Neues (und Altes) in Sachen NGO-Gesetz, in Forschungsstelle Osteuropa: Russlandanalysen, Nr. 103, 2006, S. 5. http://www.russlandanalysen.de/content/media/Russlandanalysen120.pdf (05.02.07)

Schneider, Eberhard: Die neuen regionalen Eliten in Russland unter Putin, SWP Diskussionspapier, FG 5 2006/07, 2006.

http://www.swp-berlin.org/common/get_document.php? asset_id=3101 (28.01.07)

Schneider, Eberhard: Putin und die Oligarchen, SWP-Studie, 2004. http://www.swp-berlin.org/de/common/get_document.php? asset_id=1625 (25.01.07)

Schumpeter, Joseph A.: Kapitalismus, Sozialismus und Demokratie, 8. unveränderte Auflage (1. Auflage 1947), Tübingen: A. Franke Verlag 2005.

Schewzowa, Lilija: Russland im Jahr 2006. Die Elite stellt sich auf für den Kampf um die Sicherung ihrer Machpositionen, in: Forschungsstelle Osteuropa: Russlandanalysen, Nr. 122, 2006, S. 2-4. http://www.russlandanalysen.de/content/media/Russlandanalysen122.pdf (13.01.07)

Schewzowa, Lilija: Das neue Russland. Von Jelzin zu Putin, in: Höhmann, Hans-Hermann; Schröder, Hans-Henning (Hrsg.): Russland unter neuer Führung. Politik, Wirtschaft und Gesellschaft am Beginn des 21. Jahrhunderts, Münster: Agenda 2001, S. 33-43.

Schulze, Peter W.: Goodbye Putin, in: Landeszentrale für politische Bildung Baden Württemberg (Hrsg.): Nach der „Orangenen Revolution", Der Bürger im Staat, 55. Jg., Heft 4, 2005, S. 208-215.

Schulze, Peter W.: Russland im autoritären Zwischenstadium - Der lange Marsch in die Modernität, in: Gorzka, Gabriele; Schulze, Peter W. (Hrsg.): Wohin steuert Russland unter Putin? Der autoritäre Weg in die Demokratie, Frankfurt a.M.: Campus 2004, S.139-175.

Shleifer, Andrei; Vishny, Robert W.: The Grabbing Hand. Government Pathologies and their Curses, Cambridge, Mass.: Harvard University Press 1999.

Smith, Benjamin: The Wrong Kind of Crisis:
Why Oil Booms and Busts Rarely Lead to Authoritarian Breakdown, 2006.
http://www.clas.ufl.edu/users/bbsmith/SmithSCIDFinal10-05.pdf (16.07.06)

Stadelbauer, Jörg: Russland - Naturraum, Ressourcen und Bevölkerung eines Großraums, in: Höhmann, Hans-Hermann; Schröder, Hans-Henning (Hrsg.): Russland unter neuer Führung. Politik, Wirtschaft und Gesellschaft am Beginn des 21. Jahrhunderts, Münster: Agenda 2001, S. 10-20.

Stykow, Petra: Einige Überlegungen zur politischen Ökonomie des russischen Wirtschaftswachstums, in: Höhmann, Hans-

Hermann; Pleines, Heiko; Schröder, Hans-Henning (Hrsg.): Nur ein Ölboom? Bestimmungsfaktoren und Perspektiven der russischen Wirtschaftsentwicklung, Münster: LIT Verlag 2005, S. 261-282.

Stykow, Petra: Der Fall Russland: Korruption als Kollateralschaden der Transformation?, in: Vierteljahreshefte zur Wirtschaftsforschung, 73, 2004, S. 247-262.

Sutela, Pekka: Wirtschaftspolitik: Etappen und Probleme, in: Höhmann, Hans-Hermann; Schröder, Hans-Henning (Hrsg.): Russland unter neuer Führung. Politik, Wirtschaft und Gesellschaft am Beginn des 21. Jahrhunderts, Münster: Agenda 2001, S. 134-144.

Torvik, Ragnar: Natural Resources, Rentseeking, and Welfare, in: Journal of Development Economics, 67, 2002, S. 455-470.

Transparency International: International Corruption Perceptions Index 2006.
http://www.transparency.de/uploads/media/06-11-03_CPI_2006_press_pack_ deutsch.pdf (04.02.06)

Tullock, Gordon: Rent Seeking as a Negative-Sum Game, in: Buchanan, James M.; Tollison, Robert D.; Tullock, Gordon (Hrsg.): Toward a Theory of the Rent-Seeking Society, College Station: Texas A & M University Press 1980, S. 16-36.

Vogel, Heinrich: Rußland ohne Demokratie. Konsequenzen für das Land und die europäische Politik, 2004.
http://www.swp-berlin.org/en/common/get_document.php?asset_id=1647 (25.01.07)

Wintrobe, Ronald: The Political Economy of Dictatorships, Cambridge: Cambridge University Press 1998.

World Bank: Russian Economic Report, No. 13, December 2006.
http://ns.worldbank.org.ru/files/rer/RER_13_eng.pdf (23.07.06)

World Bank: Russian Economic Report, No. 12, April 2006.
http://ns.worldbank.org.ru/files/rer/RER_12_eng.pdf (23.07.06).

World Bank: Dying too Young. Addressing Premature Mortality and Ill Health Due to Non-Communicable Diseases and Injuries in the Russian Federation, 2005
http://siteresources.worldbank.org/INTECA/Resources/DTY-Final.pdf (10.01.07).

World Bank: From Transition to Development. A Country Economic Memorandum for the Russian Federation, 2005. http://ns.worldbank.org.ru/files/cem/CEM_final_eng.pdf (20.12.06)

Ausgewählte Reden des russischen Präsidenten Vladimir Putin:

Putin, Botschaft an die Föderalversammlung der Russischen Föderation, Moskau, 10.05.2006
http://www.president.kremlin.ru/eng/speeches/2006/05/10/1823_type70029type82912_105566.shtml (11.05.06)

Putin, Einleitende Bemerkungen auf einem gemeinsamen Treffen des Sicherheitsrates und des Präsidiums des Staatsrates, Moskau, 24.02.2004.
http://www.president.kremlin.ru/eng/speeches/2004/02/24/2041_type82913_61069.shtml (04.01.07)

Putin, Botschaft an die Föderalversammlung der Russischen Föderation, Moskau, 26.05.2004.
http://www.president.kremlin.ru/eng/speeches/2004/05/26/2021_type70029type82912_64906.shtml (28.07.06)

Putin, Botschaft an die Föderalversammlung der Russischen Föderation, Moskau, 08.07.2000
http://www.president.kremlin.ru/eng/speeches/2000/07/08/0000_type70029type82912_70658.shtml (01.06.06)

Zeitungen und Zeitschriften:

Frankfurter Allgemeine (FAZ)

Frankfurter Allgemeine: Einiges Russland, 04.01.2007.
http://www.faz.net/s/RubDDBDABB9457A437BAA85A49C26FB23A0/Doc~ECF53D0A1DF74424982D4F50AE6E6437C~ATpl~Ecommon~Scontent.html (04.01.07)

Frankfurter Allgemeine: Wir sind überall, 17.12.2006.

Frankfurter Allgemeine: Die neue Macht des Geheimdienstes, 12.12.2006.

Frankfurter Allgemeine: Rußland schottet strategische Industrien ab, 16.10.2006.
http://www.faz.net/s/RubC8BA5576CDEE4A05AF8DFEC92E288D64/Doc~EB738869F69BC494BB927030075E6E576~ATpl~Ecommon~Scontent.html (16.10.07)

Frankfurter Allgemeine: Rußland stöhnt unter Putin, 03.07.2004.

Handelsblatt

Handelsblatt: Blauer Riese aus Moskau, 06.02.2007.

Handelsblatt: Russland rätselt über Putins Pläne, 02.01.2007.

Kommersant

Kommersant: Nekonstitucionnoe bol'šinstvo. 59% rossijan soglasny na tretij srok Vladimira Putina (Eine nichtverfassungsgemäße Mehrheit. 59% der Russen sind mit einer dritten Amtszeit Putins einverstanden), 08.06.2006.
http://www.kommersant.ru/doc.html?docId=680416 (08.06.06)

Moskovskie Novosti

Moskovskie Novosti, Ėnergetičeskoe velikoderžavie (Die Energiegroßmacht), 26.05.2006.

The Moscow Times

The Moscow Times: Kudrin Warns of Spending Disaster, 15.06.2006.

The Moscow Times: The Man With the Plan for Russia Inc., 06.06.2006.

Neue Zürcher Zeitung (NZZ)

Neue Zürcher Zeitung: Russland - Energieriese mit Schwächen, 20.01.2007.
http://www.nzz.ch/2007/01/20/al/kommentarEU95J.print.html (30.01.07)

Neue Zürcher Zeitung: Geographie und Herrschaft. Russland und das Öl - eine alte imperiale Strategie gelangt zu neuer Entfaltung, 13.07.2006.
http://www.nzz.ch/2006/07/13/fe/articleE9BRZ.print.html (30.01.07)

The St. Petersburg Times

The St. Petersburg Times: 'Worst Fears'of NGOs Realized, 18.04.2006.

Der Stern

Der Stern: Russische Medien: Hauptakteur: Wladimir Putin, 12.03.2004. http://www.stern.de/politik/ausland/521312.html?eid=516661&nv=pr&pr=1 (03.02.07)

Die Welt

Die Welt: Überraschung bei der Jukos-Versteigerung, 19.12.2004. http://www.welt.de/data/2004/12/19/377143.html (30.01.07)

Die Zeit

Die Zeit: Der Moral-Oligarch, 08.12.2005. http://hermes.zeit.de/pdf/archiv/2005/50/Chodorkowskij_2fneu.pdf (30.01.07)

FSC
www.fsc.org
MIX
Papier | Fördert gute Waldnutzung
FSC® C083411

Kolibri 360 GmbH
Ferdinand-Jühlke-Straße 7
99095 Erfurt, Deutschland
produktsicherheit@kolibri360.de